Esboço para uma teoria da cena

Propostas de ação para diferentes dinâmicas

Dados Internacionais de Catalogação na Publicação (CIP)
(Câmara Brasileira do Livro, SP, Brasil)

Massaro, Geraldo
   Esboço para uma teoria da cena : propostas de ação para diferentes dinâmicas / Geraldo Massaro. — São Paulo : Ágora, 1996.

   Bibliografia.
   ISBN 85-7183-528-4

   1. Psicanálise 2. Psicodrama I. Título.

96-4301   CDD-150.198

Índices para catálogo sistemático:

1. Cena : Teoria : Psicodrama : Método psicanalítico
   150.198

Esboço para uma teoria da cena

Propostas de ação para diferentes dinâmicas

Geraldo Massaro

AGORA

Copyright © 1996 by Geraldo Massaro

Capa:
BVDA - Brasil Verde

Proibida a reprodução total ou parcial
deste livro, por qualquer meio e sistema,
sem o prévio consentimento da editora

EDITORA AFILIADA

Todos os direitos reservados pela
Editora Ágora Ltda.
Rua Itapicuru, 613 - cj. 82
05006-000 - SãoPaulo, SP
Telefone: (011) 871-4569

Para todos que participaram das principais cenas de minha vida, em especial para a Raquel.

Sumário

Introdução 9

1. A importância da cena e o desconhecimento
de tal importância 13
2. A cena psicodramática e a montagem teatral 15
3. A cena vista em diferentes campos teóricos 19
4. Mecanismos de ação da dramatização 27
5. O corpo em cena 33
6. A cena e a linguagem cinematográfica 37
7. Ética, ideologia e cena psicodramática 51
8. Classificação das cenas 53
9. Questões práticas 55

Adendo final 79
Referências bibliográficas 83

Introdução

Encontro Latino-americano de Psicodrama, Paraguai.
Eu estava numa mesa-redonda junto com colegas psicodramatistas.
O tema era "Formação em Psicodrama". Uma pessoa da platéia perguntou como cada participante da mesa estruturaria um curso de formação que pudesse ser considerado inovador. Ela estava nos convidando a sonhar.
E eu sonhei.
Na minha vez de falar, disse que um curso inovador seria centralizado na cena psicodramática.
O psicodramatista em formação iniciaria o curso estudando teoria da cena. Em que consiste uma cena, seus objetivos, por que ela tem efeito terapêutico, mecanismos de dramatização...
Ao mesmo tempo, iniciaria uma prática da cena. O instrumental técnico, o aquecimento, o aprendizado do momento de ação, a escolha da cena...
Enquanto isso, poderia ir estudando as semelhanças e diferenças da cena psicodramática com a cena do teatro e, também, por que não, do cinema.
Só aí é que ele iria estudar outras teorias, como a Matriz de Identidade, a teoria dos papéis, jogos, teorias sociométricas e tantas outras coisas. Cada teoria que estudasse estaria sempre correlacionando-a com a teoria da cena.
E a supervisão?
A supervisão priorizaria, pelo menos de início, a montagem da cena, suas dificuldades e saídas técnicas.
Formas de existência (dinâmicas histéricas, obsessivas, psicopáticas, depressivas, psicóticas, fóbicas etc.) têm especificidades na montagem. Seriam aqui dimensionadas.
E o supervisor iria ensinando: "Este não foi o melhor momento para você ter proposto essa cena... Essa cena, nesse momento da terapia, pode-

ria oferecer um resultado melhor... Aqui teríamos dois caminhos... Talvez, nesse caso, tivesse sido melhor fazer psicodrama interno...".

Nesse momento, fui acordado do devaneio.

Muito bonito, disse Juanito, representante do Paraguai. Mas, impossível, porque o Psicodrama não tem nenhuma teoria da cena.
E Juanito tinha toda razão.

Este livro tenta preencher um pouco desse vácuo. Ele foi feito como um esboço, uma espécie de aquecimento, uma tentativa inicial de organização desse material tão rico e, ao mesmo tempo, tão esquecido.

Para facilitar o dimensionamento das questões, procurei dividir o texto em capítulos. Assim, temos:

1. Um relato sobre a importância da cena, inclusive em nível metodológico, e o desconhecimento dessa importância.

2. A cena enquanto objeto de estudo, diferenciando a cena psicodramática da montagem teatral.

3. A cena vista sob diferentes campos teóricos, como as teorias filosóficas que embasam o psicodrama, sob o olhar da psicanálise e de teorias mais recentes.

4. Alguns aspectos dos mecanismos de ação da dramatização.

5. Discussões a respeito de questões teóricas sobre o corpo, tomando-o não só como instrumento da cena, mas como um meio no qual a cena se realiza.

6. Contribuições da linguagem cinematográfica.

7. Reflexões sobre a cena dentro de uma postura ética e da ideologia psicodramática.

8. Proposta de uma pequena classificação da cena.

9. Apresentação de algumas questões práticas, oriundas desses vinte anos de trabalho como psicodramatista. É, também, uma tentativa de tornar o livro um pouco mais leve e mais prático, a desvanecer um pouco a aridez das conceituações teóricas. Entre outras coisas, será abordada a especificidade da cena segundo diferentes formações psicodinâmicas.

Por trabalhar apenas com o psicodrama psicoterápico e desconhecer boa parte do psicodrama aplicado, o texto refere-se mais a questões terapêuticas. Não há, aqui, qualquer sentido de "priorização", apenas de conhecimento e desconhecimento. Apesar disso, acredito que a grande maioria das considerações realizadas é também válida para o psicodrama aplicado.

1
A importância da cena e o desconhecimento de tal importância

De 485 trabalhos que procurei acompanhar nas revistas de psicodrama e em anais de nossos congressos, só sete remetiam, mesmo que indiretamente, à cena. Desses, só quatro, menos de 1% do total, buscava algumas teorizações. Estranhamente, é bastante comum a descrição de técnicas, correndo-se o risco de confundirmos ação dramática com uso indiscriminado de técnicas, excluindo de nossas preocupações toda uma fundamentação teórica que dá base a nossa ação.

Por quê?

Talvez porque, desde o início, somos mais treinados a agir do que a pensar essa ação. Ou, talvez, porque encaremos a cena como mais um instrumento de ação, entre muitos outros, esquecendo-nos de que a cena é, na verdade, nosso fundamento primeiro.

A interpretação é a invariante comum às diferentes formas de se fazer psicanálise. Não há psicanálise sem interpretação.

Assim, também, a cena é a invariante comum às diferentes formas de se fazer psicodrama. Mais do que em Moreno, seu criador, o psicodrama tem na cena sua invariante máxima.

Retirando-se do conjunto da obra de nosso mestre Moreno, e de algumas brilhantes releituras de seus seguidores, podemos encontrar na cena a essência metodológica do psicodrama. Falamos muito em teoria da técnica, mas, qual o objeto que, ao mesmo tempo, é a essência de nossa prática e o ponto de organização de nossas teorias? Uma teoria da técnica psicodramática poderia concentrar-se em investigar a cena como articulação entre a teoria sustentada por Moreno e sua prática.

Representante principal do psicodrama, é por meio da cena que podemos encontrar um instrumento heurístico, a ser usado para produzir teorias de forma psicodramática. Evidentemente, ela pode ser usada por terapeutas de diversas vertentes psicoterápicas, mas só na dimensão psicodramática ela pode se realizar enquanto projeto ontológico.

Mas a cena é ainda mais do que base metodológica.

Ela é local de transformação. Não reduzindo a encenação a recursos técnicos imediatistas, não realizando "teatrinho" de manutenção (ver nesse sentido as colocações de Moysés Aguiar em seu *O teatro terapêutico*), mas, sim, colocando a cena onde ela deve estar. Ou seja, num determinado modo de interpretar a relação do sujeito com seu meio, podemos ter na cena terapêutica ou pedagógica um instrumento de ação comunitária, ajudando a conscientizar e mobilizar pessoas. Sendo local de transformação, a cena é nosso principal instrumento de ação ideológica.

Se a maneira de viver relaciona-se, até certo ponto, com os valores de uma determinada classe, o psicodramatista pode, através da cena, cumprir seu papel fundamental de investigador social.

Invariante máxima. Base metodológica. Palco de transformações. Possibilidade de investigação social.

A cena é tudo isso.

Para poder, entretanto, aprofundar cada uma dessas questões, preciso delinear um pouco melhor o que estou chamando de cena psicodramática.

2
A cena psicodramática e a montagem teatral

Não se trata de cindir o que é teatral do que é terapêutico, senão, perderíamos o acesso ao poder transformador de práticas teatrais. Trata-se, sim, de percebermos a partir de que ponto a montagem teatral passa a possibilitar a transformação e, se transformando, possibilita o terapêutico.

Para avaliar a questão, vou retornar a um texto meu, de 1988, presente nos anais do congresso daquele ano.

Para introduzir a questão vou me ater a uma cena do filme *O Homem de la Mancha*.

Altivo sobre seu magro Rocinante, o velho bufão se apruma.
Na cabeça, Dulcinéias e um elmo de papelão.
Na mão, a lança feroz de frágil madeira.
No peito, velha armadura e nova aventura: enfrentar o bando de cavaleiros que o rodeia.
Estes, armados, o espreitam e o esperam. Mas não o enfrentam. Quando o recebem, viram seus escudos, agora espelhos.

Seu ser encontra-se na imagem.

Não é na beleza que Narciso se afoga. É na verdade, essa filha da dor.
Assim, o louco, patético, prisioneiro de sua própria criatura, sem cautela, se revela.
E se liberta.

Cruel e bendito espelho-terapeuta que revela ao louco sua irrealidade e sua missão.

Mas, entre o louco e o herói, entre o ser e o não-ser, há uma realidade oculta. Ela vem à tona em dois movimentos.
Entendê-los é perceber quando o teatro é terapêutico.

PRIMEIRO MOVIMENTO: Há na cena uma continuidade. A irrealidade quixotesca encontra-se integrada à percepção do mesmo. Os cavaleiros, egos-auxiliares, suscitam novas imagens a um delírio que não é seu.

A cena situa-se em algum ponto entre a imaginação e a realidade, mas não a colocam em oposição. Ao contrário, ao trazer um fundo mundano e complementar à imaginação quixotesca, a cena abre a possibilidade de resgate do real.

Os cavaleiros têm um compromisso indissolúvel com esse real.

A imaginação e a realidade se imitam, se namoram, copulam num abraço tão forte que se tornam quase a mesma substância.

Mas não basta complementar o delírio e suscitar novas imagens.

É necessário que surja o Drama.

SEGUNDO MOVIMENTO: O que o espelho reflete é uma contradição entre as exigências do ser Quixote, expressas no delírio do não-ser, com as leis do ser.

No Drama, Quixote confronta-se consigo mesmo. A linguagem delirante das imagens se revela.

Na imagem, Quixote tem a confirmação perceptiva de sua ilusão. Agora, a ilusão volta-se contra si mesma. Ao ser percebido, o delírio se extingue.

O espelho-terapeuta, ao prender sua imagem, o mantém cativo no real. A quase realidade de seu delírio se desfaz na realidade de seu desejo.

Os cavaleiros, cúmplices do irreal, trazem à tona o imaginário e, sem confronto, deliram o delírio, refletem-no e transformam-no.

Quixote. Seu ser e suas exigências. Sua crise e seu Drama.

A cena, em seus dois movimentos, exterioriza o objeto delirante e dá a todos a confirmação perceptiva deste objeto, a verdade de sua inverdade, o não-ser do ser, a ilusão imaginativa.

O que a cena introduz é uma quebra de campo. Ao propor uma imitação do real no imaginário e ao exteriorizar seu objeto delirante, a cena serve de caminho, de passagem, entre dois universos distintos.

Se o primeiro movimento expressa um teatro enquanto montagem, o segundo expressa um teatro terapêutico, pois, transcendendo à montagem, denuncia o Drama.

Na ação das palavras não-ditas, que são o discurso da imagem, as cristalizações se quebram e se reorganizam em função de uma espontaneidade e de uma possibilidade.

Ao se situar, Quixote se reconstrói.
Ao se reconstruir, busca suas conseqüências e alcança uma convivência.
Ao conviver, se concebe e se engendra na solidariedade do Drama humano.
Assim, alcança a interdependência.

Toda cena psicodramática é um ato de loucura, porque traz à tona um eu alienado. Nesse sentido, é também um ato de cura.
Toda cena psicodramática é uma bruxaria, um encantamento, pois liberta um ser de seu feitiço.
Toda cena psicodramática é uma poesia, pois expressa uma crise.
Toda cena psicodramática é uma corporificação, pois devolve o corpo a seu legítimo dono.

Ao sair dos sonhos e fantasias de seu imaginário e ganhar a intersubjetividade, Quixote o faz através de uma abertura assegurada pelo corpo, que o coloca enquanto ser em situação.

Mas Quixote é um psicótico. Se usei um protagonista psicótico para expor tais idéias, foi para melhor clarificá-las. Neles, o Drama humano é mais concreto.

Mas, o desatino encontra-se em todos nós. Em nós, também, a cena psicodramática exterioriza desejos e fantasias, traz à tona o Drama.
A cena nos desmascara, colocando-nos contra e a favor a nós mesmos.
Através do discurso das imagens, nos contradiz, nos denuncia e nos reorganiza.
Ao nos defrontarmo com nosso não-ser, adquirimos mais ser.

Na montagem da cena, um teatro preparatório.
Só no Drama, a cura.
Do teatro ao terapêutico.

Nesse texto, de origem já citada, procurei mostrar que a cena psicodramática é reveladora e transformadora, portanto, terapêutica, quando traz à luz o Drama. As exigências do ser, seus desejos e necessidades, em conflito e contradição com as leis do ser. Assim, a cena nos coloca em contato com nosso não-ser, com nosso fugidio, com nosso oculto.
A função da cena é revelar essa contradição. Só revelando ela possibilita a transformação. Só aí traz o Drama.
No Capítulo 4, procurarei aprofundar o entendimento dos mecanismos de ação; no Capítulo 7, por meio de outros autores, mostrarei que o verdadeiro Drama só surge quando trazido pelo coletivo.

Agora, já tendo delineado um pouco mais nosso objeto, afastando-o da montagem, procurarei pensá-lo sob os olhos de outras teorias.

Ao apresentar esse texto, falei em projeto, em solidariedade, em quebra de campo, em imaginário, e em tantas outras coisas. Assim, necessitei de conceitos outros para clarear a cena.

Como poderia correlacionar vários conceitos com a cena?
Como entendê-la aos olhos de teorias psicodramáticas?
E aos olhos de outras teorias?
Que tonalidades ela adquire?
Que segredos ela desvenda?

3
A cena vista em diferentes campos teóricos

A) Teorias filosóficas que embasam o psicodrama

Espontaneidade. Ato criador. Categoria do momento. Conserva cultural. Papel do corpo. Co-inconsciente.
Não se trata de repensar conceitos à luz de pensamentos filosóficos. Eles já foram profundamente reinterpretados por teóricos como Naffah e Aguiar, que utilizaram para isso conceituações de Kierkegaard, Nietzsche, Marx, Freud, Bergson, Sartre, Merleau-Ponty e tantos outros.
Trata-se de repensar aspectos da cena psicodramática à luz desses conceitos.

Moreno privilegiava o teatro espontâneo, no qual todos são participantes, todos são atores: *"O verdadeiro locus do teatro é o teatro espontâneo"*.[1]
Mas, como admite, voltou-se estrategicamente para o teatro terapêutico: *"O teatro psicodramático deriva do teatro da espontaneidade, o qual, originalmente, nada tinha a ver com terapia"*.[2] *"Existe um teatro em que a realidade é mostrada através de uma ilusão... no teatro terapêutico realidade e ilusão são uma coisa só."*[3]
Mas, como se dá essa passagem entre realidade e ilusão?

---
1. MORENO, J. L. *O teatro da espontaneidade*. São Paulo, Summus, 1984, p. 30.
2. Idem, ibidem, p. 117.
3. MORENO, J. L. *Psicodrama*. São Paulo, Cultrix, 1975, p. 76.

Vejamos Merleau-Ponty:
"*Mas o psicodrama, se não se passa no real, tampouco se passa no imaginário; passa-se antes na Ordem do Mito. É o desdobramento dos conflitos reais, quando possível com seus atores reais, em um domínio neutralizado pela presença de outros e do médico, e onde, conseqüentemente, os estreitamentos podem ser ultrapassados e a espontaneidade mobilizada*".[4]

Vemos, portanto, que o movimento espontâneo-criador pressupõe uma abertura ao desconhecido do ser, ao indeterminado, ao invisível... "*Uma abertura ao real, ao imaginário, mas uma abertura que implica a diferença entre essas duas dimensões...*"[5]

Mas essa abertura só é possível por meio do corpo, como teremos oportunidade de nos aprofundar no capítulo referente ao corpo. Se o corpo nos dá abertura à realização dramática do imaginário, dá-nos também abertura à presença do real.

É assim que a cena dramática permite a existência de dois marcos referenciais, mantendo caminhos abertos entre si.

Se é o corpo quem nos permite acesso para o imaginário e o real, é também ele quem nos coloca na temporalidade, permitindo memória e ação: "*... Meu presente consiste na consciência que tenho do meu corpo.*".[6]

É no corpo que a espontaneidade se realiza, se expressa. É ele quem me coloca enquanto ser em situação. Na ação, o homem ganha consciência de seu projeto e pode se transformar, ganhando convivência e intersubjetividade.

Intersubjetividade presente na dramatização, à medida que o imaginário, necessário para que a dramatização ocorra, está sempre impregnado de co-inconsciente.

Voltarei a isso posteriormente.
Por ora, retorno a D. Quixote:

Já vimos os dois movimentos da cena. Sabemos que o Drama surge quando Quixote, frente ao espelho, se depara com seu vazio, com sua indiferenciação. A cena permitiu, via corpo, a passagem do imaginário para o real. Os cavaleiros, em suas complementaridades, dão forças ao que emerge do imaginário, mas colocam Quixote perante o real. A presença deles, enquanto egos-auxiliares, origina o domínio neutralizado, apontado por Merleau-Ponty, a permitir o contraste do imaginário com o real.

---
4. MERLEAU-PONTY, M. *L'enfant vu par l'adulte*. Apud: NAFFAH NETO, A. *Psicodrama: descolonizando o imaginário*. São Paulo, Brasiliense, 1979, p. 109.
5. NAFFAH NETO, A., *op. cit.*, p. 102.
6. BERGSON, H. *Matiére et mémorie*. Paris, Félix Alcan, 1921, p. 148.

A cena traz à tona um Drama que, como veremos adiante, é intersubjetivo, num imaginário carregado de co-inconsciente

B) A cena sob o olhar da psicanálise

"É tarefa do dramaturgo nos transportar dentro da doença, coisa que se consegue melhor se formos obrigados a segui-la através de todo o seu desenvolvimento. Isto é particularmente necessário se a repressão não se encontra estabelecida em nós e se, por conseguinte, deve ser efetuada cada vez de novo, o que representa um passo além de Hamlet, quanto à utilização da neurose no teatro."[7]

Moreno?
Não, Freud, em 1904.

Nesse trabalho Freud se propõe a uma análise do que se passa numa representação teatral. Nesse âmbito, não só aconteceria catarse de emoções, mas, a partir de uma identificação com o protagonista-herói, a platéia pode realizar o mundo à luz de seus desejos. O protagonista nos dá a possibilidade, pela identificação, de realizarmos nosso imaginário. Quase encenamos juntos. Via protagonista, entramos em contato conosco mesmos; com nossos desejos, necessidades e fantasias.

Se, a partir disso, os afetos reprimidos chegam à consciência, poderá ocorrer uma diminuição da resistência, à semelhança do tratamento psicanalítico. Pensando nessa afirmação freudiana, o teatro poderia ser utilizado pelo menos como agente facilitador do tratamento.

Mas, pode ser muito mais.

Se o dramaturgo, usando a labilidade emocional da platéia, souber utilizar sua experiência para aproveitar as resistências e os conflitos entre as motivações conscientes e reprimidas, poderá dar a todos o prazer oferecido pelo herói-rebelde, ou seja, a luta contra o domínio que decretou o império do sofrimento. Nessa afirmação freudiana, é dada ao dramaturgo a possibilidade de interferir, de trabalhar com os conflitos e, por que não, pela identificação com o herói, enfrentar as determinações que engendram o conflito. Como essas determinações, via superego, são introjeções de figuras parentais, estamos também no terreno da intersubjetividade; ou seja, nos aproximamos das conclusões tiradas quando avaliamos o psicodrama.

---

7. FREUD, S. *Personajes psicopáticos en el teatro*. *In*: Obras Completas. Madri, Biblioteca Nueva, 1981.

Sabemos que em Freud o sujeito não é jamais aquilo em que se crê. Nesse homem descentrado, o que fala é o desejo. O contato com esse desejo lhe possibilita experimentar realidades distintas.

Na cena, o desejo se realiza em ato, e, assim fazendo, constrói o real, enquanto produtor de sentido humano. E se constrói, dando um sentido novo a si mesmo.

Freud, pelo menos nesse texto, não propõe uma terapia pelo teatro. Mas reconhece no dramaturgo um poder de interferência nos conflitos emocionais. E mais do que isso, reconhece na prática teatral um instrumento poderoso de acesso ao mundo interno do indivíduo, ao inconsciente.

A relação teatro-inconsciente pode também ser vista no célebre dramaturgo Stanislavski: "*o objetivo é colocar-nos em estado criador, no qual o inconsciente funcione naturalmente*".[8] O estado criador, portanto, atinge seu máximo quando guiado pelo inconsciente.

Entre nós, Naffah retoma a questão: "*a catarse psicodramática representa um momento onde ocorre toda uma reorganização do sentido de existir, oriunda de uma expressão e explicitação de uma estrutura oculta, desconhecida mas presente e cuja revelação pode produzir uma nova síntese existencial: desbloqueio da espontaneidade e transformação das relações sujeito-mundo*".[9] A cena, seguindo o fluxo espontâneo da dramatização, permite a catarse, que aqui não é induzida, mas espontânea.

Portanto, no ato criador que a cena nos coloca, é possível a revelação do inconsciente: "*se o correlativo do desejo é a fantasia ou a imaginação, e se esta representa um produto privilegiado do retorno do recalcado, isso significa que a dramatização, sem dúvida alguma, se constitui numa via de acesso ao nível do desejo inconsciente*".[10]

C) A cena sob o olhar de modernas teorias

Não se trata de fazer correlações entre a teoria psicodramática e outras contribuições teóricas. Trata-se apenas de resumir algumas contribuições teóricas, apontar algumas relações com a cena e guardá-las para os próximos capítulos.

Falemos um pouco de Guattari e Deleuze.

---
8. STANISLAVSKI, C. *A preparação do autor*. São Paulo, Civilização Brasileira, 1976, p. 295.
9. NAFFAH NETO, A. *Psicodrama: descolonizando o imaginário*. São Paulo, Brasiliense, 1979, p. 91.
10. Idem, ibidem, p. 99.

Aqui a subjetividade é intrinsecamente processual. Não há uma estrutura que conduza a outras instâncias na formação da subjetividade, como a linguagem o faz na visão estruturalista lacaniana. Aqui, leva-se em conta todo um campo de intensidades que foge à representação simbólica. A subjetividade vai ser pensada dentro de um conjunto de condições que torna possível que instâncias individuais e/ou coletivas estejam em condições de emergir como território existencial. Há uma heterogeneidade de componentes que concorrem para a produção da subjetividade. Entre eles, componentes semiológicos significantes que se manifestam por intermédio da família, da educação, da religião etc., e componentes da produção da máquina social, como o cinema, o *mass media* etc.

Esses componentes agem sobre seu estranho, seu indeterminado. É a partir dessa ação em sua indeterminação que se construirá a subjetividade. Essa zona de indeterminação já tem em si uma complexidade, já contém singularidades múltiplas, linhas de virtualidades que precisam se expressar, ganhar consistência.

Nessa zona de indeterminação onde não há nem sujeito nem objeto, há apropriação de uma dimensão existencial que se desenvolve numa certa textura ontológica.

Sobre essa zona de indeterminação agirá o desejo. O desejo, aqui, não é prova da "incompleteza" humana. Ele não se liga à falta, à privação. Ele é máquina, é processo de criação, é vontade de efetuação da vida, o que a faz múltipla.

A cena poderia ser pensada como um dispositivo, um instrumento intercessor que nos coloca em contato com nossos estranhos internos, nossas indeterminações, permitindo uma objetivação das singularidades dispersas e, conseqüentemente, um ganho de subjetividades. A cena criando opções de reorganização de nosso espaço de indeterminação em diferentes objetivações.

Falemos um pouco, agora, da Análise do Discurso, moderna teoria lingüística surgida recentemente na França, que aborda a lingüística sob a ótica do materialismo histórico, levando-se em conta, ainda, o conhecimento das teorias psicanalíticas.

Aqui o sujeito não é unidade de interioridade, não é centro, não é síntese. Afastando-se desse idealismo da prática lingüística, a Análise do Discurso toma o indivíduo não como ego, discurso, palavra, mas como efeito de uma linguagem. Assim, o sujeito não é tomado como um suporte que interioriza o real, mas é agente desse processo enquanto processo material, em formações ideológicas específicas. Mesmo sendo agente de formação ideológica específica, ele não é unidade, já que as formações ideológicas se originam das contradições de classes. Tais contradições, portanto, não podem ser interiorizáveis por um sujeito que as unificaria.

Tomada na complexidade de sua materialidade, a Análise do Discurso aponta para um sujeito que põe em evidência um pacto social. O sujeito adere ao campo social e se apropria de uma constelação de enunciados de uma formação discursiva específica. Como a formação discursiva é um elemento da formação ideológica, o sujeito, ao aderir a ela, é submetido à dominação do complexo de formação ideológica.

Portanto, ao se constituir dentro dela, não tem origem em si mesmo, mas na complexidade da exterioridade social.

É apenas interpelado a tomar seu lugar numa das classes sociais.

Sob certos aspectos, poderíamos pensar que valores, sentimentos e visão de mundo têm alguma especificidade dentro das classes sociais.

Como imaginar isso em relação às diferenças de classes sociais dentro de um grupo, incluindo-se aí o próprio terapeuta? Seria a cena um engodo, um falseamento, quando trabalhamos com universos ideológicos distintos? Ou, ao contrário, ao trabalharmos à margem do discurso, lá onde só existe desejo e indeterminação, poderíamos realizar uma rica possibilidade de troca?

Terríveis e talvez insolúveis questões.

Falemos agora, um pouco sobre a aventura da modernidade, aproveitando principalmente as idéias do historiador americano Marshall Berman em seus ensaios contidos no texto *Tudo que é sólido se desmancha no ar*.

O homem moderno vive uma intensificação das vivências de ruptura e de diversidade. O que está em jogo, entretanto, não são essas vivências em si, mas a maneira como elas o afetam.

Existe, na modernidade, a busca de uma grande estabilidade, fruto das circunstancialidades de nossa época.

A consciência alucina um mundo estável. A ilusão de um sempre igual.

Há um terror de desorientação e desintegração. Terror da vida que se despedaça. Terror da ruptura de sentido.

Mas vivemos num mundo em contato com uma multiplicidade de vozes e de ângulos. Um mundo que aumenta nosso contato com o estranho-em-nós, com o não-ser. Um mundo onde "Tudo que é sólido se desmancha no ar".

É essa a experiência de ruptura. Antes de tudo uma ruptura de *script*.

Sob certos ângulos, as terapias modernas não são locais onde tais rupturas de *script* passam a ser elaboradas? (Claro que, às vezes, algumas se preocupem mais em ocultar ou mesmo negar tais rupturas.)

Ao se permitir ao indivíduo, numa cena, vivenciar rupturas e diversidades, não estaríamos fornecendo um universo maior de opções, numa subjetivação constituída na base de uma abertura ao mundo e aos outros?

Mantemos a janela do carro fechada quando um garoto vem nos vender (Vender? Roubar? Matar? Marcar o carro? Pedir? Chorar? Amar?)

guloseimas. Tememos a diversidade e a ruptura contidas no ato desse garoto. Mais do que o temor ao assalto, é essa diversidade de possibilidades, esse temor à ruptura do *script* esperado que nos faz fechar a janela. A cena pode significar uma janela aberta, onde o risco real externo é controlado (não oculto) e o maior e verdadeiro é o risco interno da nossa opção. Podemos avaliar mais profundamente esse temor da diversidade e da ruptura e, quem sabe, entendendo-o, diminuí-lo no mundo real.

Encerremos com Bowlby, pediatra e analista, às vezes estudado em nossos cursos de psicodrama.

Bowlby nos ensinou que as informações que uma pessoa recebe podem ser armazenadas de acordo com experiências pessoais (armazenamento episódico) ou de acordo com o significado (armazenamento semântico). No primeiro tipo arquivamos a informação seqüencialmente em fatos temporalmente datados, enquanto no segundo a informação é arquivada em proposições generalizadas sobre o mundo, derivadas da própria experiência da pessoa ou daquilo que ela aprendeu com os outros.

Quando fatos e conceitos são marcados pela diferença, ou seja, quando a pessoa tem conceitos que não se articulam com as lembranças dos fatos, pode acontecer uma divisão entre essas duas maneiras de armazenar. Por exemplo, uma pessoa pode ter um conceito sobre pai que difere dos fatos sobre seu próprio pai presentes em sua memória. Para evitar a divisão tenderia ao predomínio de um dos universos, preferencialmente o conceitual.

A tendência seria levar para a terapia esse universo conceitual, evitando, assim, entrar em contato com uma divisão que lhe traria instabilidade. Mesmo que sentisse ou experimentasse impulsos contraditórios, tenderia a atribuir tal sensação a alguma condição irrelevante, desviando a atenção da real situação provocadora. Claro que um terapeuta experiente, de qualquer vertente psicoterápica, poderia, com certa facilidade, levar o paciente a entrar em contato com o outro universo, o dos afetos e emoções presentes na memória dos fatos, trazendo a contradição à tona, para melhor cuidá-la.

A cena, entretanto, trabalha direto com a memória dos fatos, mesmo levando-se em conta a possível parcialidade da leitura de realidade da pessoa. Quantas vezes não pudemos perceber, surpresos, as contradições entre conceitos anteriores e as emoções contidas nas cenas? Sendo um bom caminho para contato com o armazenamento episódico, a cena não nos daria a possibilidade de uma integração mais profunda que não afasta, mas também não se situa apenas na elaboração conceitual? Ou seja, a cena não permitiria, ao trazer os fatos e permitir uma vivência deles, uma reflexão maior sobre possíveis contradições entre fatos e conceitos?

Analisando o filme *O Homem de la Mancha* pudemos ver que a verdadeira cena é aquela que, transcendendo à montagem, traz à tona o Drama. Drama esse que, mesmo trazendo à tona o conflito entre os desejos e necessidades do indivíduo com as leis do ser, será sempre coletivo.

Vimos em Merleau-Ponty, que a cena se passa na Ordem do Mito, portanto, em algum ponto entre o imaginário e o real, e que através do corpo permite abertura entre essas duas dimensões.

Vimos em Freud que a cena pode ser um poderoso instrumento de acesso ao inconsciente e dar ao dramaturgo um forte poder de interferência em conflitos emocionais.

Em Deleuze e Guattari pudemos concluir que a cena conduz ao contato com nossos estranhos-em-nós, permitindo uma objetivação das singularidades dispersas e o conseqüente ganho de subjetividades.

Na Análise do Discurso questionamos se as diferenças de classes podem fornecer uma distorção das vivências da cena ou, ao contrário, se ela poderia ocorrer abaixo do discurso, onde só existem desejos e indeterminações e, por isso mesmo, possibilitar uma intensa troca.

Analisando aspectos da modernidade, postulamos que a cena poderia ser um espaço real a possibilitar o experenciar das vivências de diversidades e rupturas, solidificando uma subjetivação constituída na base da abertura.

Finalmente, em Bowlby, nos perguntamos se a cena poderia ser um espaço de integração profundo das cisões entre o conceitual e as emoções contidas na memória dos fatos.

Com tudo isso, podemos arriscar esboçar um entendimento sobre o mecanismo de ação da dramatização.

4
Mecanismos de ação da dramatização

Como a dramatização age sobre o protagonista?
Como ocorre a transformação, objetivo maior de qualquer prática psicoterápica?

Qualquer teoria de ação psicodramática estará sempre à procura dos conceitos de espontaneidade, criatividade, tele, e de outras teorizações morenianas.

Mas, o que é que nos fala o próprio Moreno?
"O tratamento psicodramático consiste em induzir o sujeito a uma representação adequada das dimensões vividas e não-vividas de seu mundo privado." [1]
Indo mais longe:
"Independente de onde a terapia acontece, a interação produz efeitos terapêuticos". [2]

Ou então:
"No momento em que podemos ver a nós mesmos, surge imediatamente um palco a nossos pés". [3]

Ou ainda:

---
1. MORENO, J. L. *Las bases de la psicoterapia*. Buenos Aires, Hormé, 1977, 3ª Conferência.
2. MORENO, J. L. *Psicoterapia de grupo e psicodrama*. São Paulo, Mestre Jou, 1974.
3. MORENO, J. L. A divindade como comediante. Resumo em *Psicodrama*. São Paulo, Cultrix, 1975, p. 73.

"As pessoas não querem superar a realidade, querem expô-la. Reexperimentam-na, são os seus donos...".[4]

Nessas quatro frases, Moreno nos indica a direção a seguir.
Na primeira frase ele nos aponta o imaginário.
Na segunda, o relacional.
Na terceira, o palco. Evidentemente, palco, aqui, não tomado apenas como um espaço físico delimitado, mas como um conjunto que inclui o imaginário, o indeterminado, o intersubjetivo, a complementaridade, a investigação, o desejo e, principalmente, o Drama.

Na quarta frase, mais profunda, a realidade é tomada como construída, singular mas intersubjetiva, oriunda do imaginário mas testada no relacional.

No palco assim tomado, podemos, a partir dos desejos e usando a cena como espaço de ação do imaginário, experimentar o novo, o estranho, o indeterminado, o não-ser.

Subjetivar-se.

A cena como instrumento de produção de subjetividades.

Existem teóricos que vêem a cena como instrumento de resolução de conflitos internos. Tais conflitos, entretanto, supõem a internalização de pelo menos uma figura externa ou, em outras palavras, a repressão de um desejo pelo superego. A resolução do conflito implicaria, nesses casos, um redimensionamento do superego e, portanto, da figura externa internalizada. Assim, teríamos também todo um novo subjetivar-se.

Pode-se discutir a mesma questão em outros referenciais. Aprendemos com Naffah que o ato criador supõe a revelação de uma certa estrutura invisível, fugidia. E que *"a espontaneidade-criatividade define antes um esforço de reconquista da interioridade do sujeito-mundo, do que um estado concluído e acabado"*.[5]

Essa interioridade está em nós a partir do mundo, e no mundo a partir da intersubjetividade, que é produzida no-de-fora.

Na cena, enquanto ato criador, temos a possibilidade de experimentar formas de existência cujos códigos encontram-se no mundo. Mas a partir de um ponto onde, não sendo o outro, seguimos nosso desejo e podemos afirmar nossas diferenças. É a partir dessa indeterminação que o indivíduo encontra e marca sua diferença. É aí que se descentra, que remete à sua própria constituição. É aí que, incorporando as suas diferenças, produz subjetividades.

---
4. MORENO, J. L. *Psicodrama*. São Paulo, Cultrix, 1975, p. 77.
5. NAFFAH NETO, A. *Psicodrama: descolonizando o imaginário*. São Paulo, Brasiliense, 1979, p. 48.

Por intermédio do outro, e junto ao outro, encontra a fonte de produção de si mesmo, num movimento que se situa abaixo das palavras, lá onde o que fala mais alto é o desejo.

Ao organizar nossa zona de indeterminação num espaço objetivo ela nos coloca na matriz do sujeito.

A cena, enquanto dispositivo intercessor que favorece a incorporação do indeterminado, do estranho-em-nós, e, por meio disso, na objetivação de singularidades dispersas, permite um ganho de subjetividades.

Em alguns momentos utilizo o termo subjetividades, no plural. Isso é possível utilizando-se o referencial de Guattari e Deleuze. Esses autores falam em instâncias individuais e/ou coletivas que estejam em condições de emergir como território existencial. Tal conceituação tende a ultrapassar a oposição clássica entre sujeito invidual e sociedade. Em certos contextos sociais a subjetividade se faz coletiva, o que remete a multiplicidades que se desenvolvem para além do indivíduo.

Que importância isso tem para nós, neste momento?

Simplifiquemos:

Se podemos entender o mecanismo de ação da cena como produção de subjetividades, a conceituação deleuzeana pode nos aproximar, de novo, da teoria psicodramática.

Em trabalho anterior fiz uma tentativa de aproximar o conceito de subjetividade, pelo menos nessa versão deleuzeana, do conceito de papel, tal qual o tomou Moreno e tantos outros teóricos. Vamos voltar um pouco ao centro daquele texto:

"Vimos que é necessário o esquecimento para a constituição do sujeito. Acabamos de ver, também, que ele é determinado por uma série de identificações.

O sujeito esquece, portanto, dos inumeráveis egos que o determinam, mas que — mantidos pelo discurso coletivo e pelos papéis sociais —, preservam sua existência. Nesse nível, o jogo dos papéis sociais é montado sobre um esquecimento.

Esse 'a gente', essa indeterminação, esse si mesmo emergente, é subjetividade em estado nascente. Esse estado nascente desenvolverá 'tipos' de subjetividade que se estratificarão e existirão em paralelo uns aos outros.

Cada estratificação poderá subir à superfície e atingir o plano da subjetividade de acordo com as circunstâncias.

Não seriam esses estratos senão papéis?

Formados por identificação a um cultural, mas que guardam na base as possibilidades de multiplicidades.

O papel comportando uma multiplicação de formas".[6]

---

6. MASSARO, G. "Subjetividade e psicodrama". *In*: *Rosa-dos-ventos da teoria do psicodrama*. São Paulo, Ágora, 1994, p. 173.

Portanto, se há ligação entre esses dois conceitos, subjetividade e papel, podemos pensar que o mecanismo de ação da cena é o da produção de papéis. Por isso falamos em treinar papéis, tomar papéis etc. Entretanto, é preciso que se perceba que pensar em termos de papéis, no tema em discussão, poderia tornar muito superficial o entendimento do que realmente acontece nas entranhas da cena.

No mesmo texto anteriormente citado, busquei um entendimento do Encontro dentro das teorias da subjetividade: *"Saímos daquela ordem oriunda do cultural. Entramos, através do outro e resguardado em nosso nome próprio, no espaço aberto às possibilidades.*

Através e junto ao outro, encontramos nossa fonte de produção de nós mesmos. O estranho-em-nós é incorporado à subjetividade, porque pode ser escutado. Com isso incorporamos o diferente, presente no outro, e incorporamos nosso próprio diferente".[7]

Assim, podemos pensar que se uma cena produz subjetividades, não é só porque permite o contato com o indeterminado, mas também porque pode facilitar o Encontro, a opção pelo outro.

Neste capítulo, defendi a idéia de que o mecanismo de ação da cena é o da produção de subjetividades. Uma questão muito importante pode ser aqui levantada: qual é a interferência da subjetividade do terapeuta na cena de um protagonista? Em outras palavras, como o diretor escolhe a cena ou a conduz, a partir de sua própria subjetividade? Como as suas questões internas, de saúde ou de doença, ficam presentes na cena?

Tal questão foi levantada, como sempre, brilhantemente, pelo psicodramatista Sergio Perazzo. Ele mesmo nos dá uma resposta: *"Diante da inevitabilidade da interferência da subjetividade do psicodramatista ou de qualquer outro terapeuta, a única possibilidade é co-criar dentro de um mesmo projeto dramático".*[8] Assim, o teatro terapêutico é um local de co-construção de múltiplas subjetividades. Múltiplas, porque oriundas do protagonista, do diretor, dos egos-auxiliares, e da platéia. É evidente, e Perazzo o aponta, tal co-criação deve estar inserida dentro do mesmo projeto dramático. Ocorrem divergências nesses projetos dramáticos entre protagonista e terapeuta. *"No entanto, diante de uma trajetória de co-criação, co-insconsciente, o projeto dramático que se desenvolve na dramatização se tornará comum em algum ponto desse percurso."*[9] Perazzo acredita que numa dramatização se encontrarão presentes dois projetos dramáticos: o

---

7. MASSARO, G., *op. cit.*, p. 170.
8. PERAZZO, S. *Ainda e sempre psicodrama.* São Paulo, Ágora, 1994, p. 92.
9. Idem, ibidem, p. 93.

manifesto, originário do papel social do terapeuta, por força do contrato firmado; e o outro, latente, no qual o terapeuta estará vivencialmente aderido ao destino do protagonista, numa viagem comum, para o qual conflui o drama privado de cada um dos dois.

Outras questões importantes sobre a interferência dos conflitos do terapeuta nas cenas de protagonistas de seus grupos foram levantadas, em inúmeros textos, por Eduardo Pavlovsky e Hermán Kesselman. Necessitam ser lidas por todos os psicodramatistas que querem aprofundar seus próprios trabalhos.

A questão da interferência inevitável da subjetividade do terapeuta abre debates ideológicos profundos, aos quais me furto aqui, até porque a questão ideológica, tal qual a vejo, será colocada em outro ponto do livro.

Finalizando, acredito que a colocação da co-criação de subjetividades se aproxima muito da posição por mim tomada de ver a cena como a formação de subjetividades não apenas a partir do protagonista, mas a partir de um Encontro.

Assim, a cena passa a ser entendida como relação entre dois sujeitos e não como de um sujeito e um objeto, numa relação de intersubjetividade.

5
O corpo em cena

Os cursos de formação em psicodrama têm uma preocupação constante com a realização de trabalhos corporais, tentando, cada um a seu modo, o desenvolvimento de um dos principais recursos do psicodrama, ou seja, a linguagem corporal.

De fato, esse procedimento é muito importante. Entre outras razões, isto treina o psicodramatista em formação para uma melhor ação dramática. Na SOVAP, uma das escolas de psicodrama de São Paulo, a psicodramatista e adepta do método de Feldenkrais, Marcia Martins de Oliveira tem desenvolvido o Coreodrama, uma maneira de aproveitar os recursos coreográficos no treinamento de psicodramatistas em formação.

Entretanto, acredito que falte nas escolas de formação, muitas vezes, uma melhor conceituação da questão, principalmente no que se refere à relação corpo/cena.

Este capítulo foi proposto para que se possa teorizar um pouco sobre essa relação. Evidentemente, não se trata de aprofundar-se a relação corpo/psicodrama, mas apenas voltar-se à questão corpo/cena, na tentativa de auxiliar um entendimento sobre a cena, permitindo teorizá-la ainda mais.

O corpo como centro virtual de ações

Imaginemos uma guerra nuclear com bombas de nêutrons. Os humanos mortos, mas as estruturas construídas, intactas. Milhares de anos depois, extraterrestres chegam à Terra e entram numa sala comum de uma casa. Pelas cadeiras ou sofás podem imaginar as articulações de nosso corpo. Pela altura dos quadros, a nossa visão. Pelo tamanho da porta, nosso próprio tamanho. Pela localização da maçaneta ou botão de luz, podem imaginar nossos braços, e assim por diante. Isto é possível porque *"os objetos que circundam meu corpo refletem a ação possível do meu corpo sobre eles"*.[1] Nesse sentido, os objetos que nos rodeiam são organizados segundo nossas necessidades práticas. Claro que isso depende de como nossa percepção nos traz esse mundo que nos rodeia. Ou, melhor ainda: *"existindo como um centro virtual de ações, o corpo está sempre mergulhado nesse compromisso indissolúvel com o real, que constitui a condição básica do ser em situação"*.[2]

Ainda por Bergson sabemos que a espontaneidade, que é antes de tudo consciência corporal, se expressa no corpo à medida que norteia a relação entre o sujeito e o mundo material que o cerca.

Nesse sentido, já se disse que se o corpo simboliza a existência, simboliza porque a realiza.

Corpo e temporalidade

Sabemos desde Kant que tempo e espaço são categorias internas necessárias para a captação do mundo enquanto objeto de conhecimento, embora esse mesmo mundo só possa ser conhecido em sua aparência. Sendo categorias internas, se situam no corpo. Em outras palavras, não é porque um objeto está fora de mim que eu posso percebê-lo, mas, sim, porque tenho dentro de mim a categoria de espaço. A mesma coisa para o tempo. O tempo é real enquanto forma real da intuição interna, ou seja, ele possui realidade subjetiva. Existindo dentro de mim, espaço e tempo me permitem captar o mundo enquanto objeto de conhecimento. *"Nesse sentido, viver no momento presente não significa viver num momento puro, mas ser capaz de recuperar o passado em função do presente, reorganizar os horizontes temporais em torno de um núcleo sempre presente, pois que está sempre mergulhado no real: o corpo."*[3]

Mas além de ser abertura a espaço e tempo enquanto condições internas, o corpo ocupa um espaço em um tempo. Assim, é por meio dele que sentimos nossa existência e nos apropriamos e manipulamos esse mundo que nos cerca. A partir disso, podemos nos engajar nas opções do mundo, realizar projetos e dirigir a própria existência. A temporalidade, portanto, só se corporifica pelo presente e pelas sensações.

Para Sartre, nenhuma moral pode, *a priori*, nos indicar o que fazer. A consciência descobre-se a si mesma na ação, o que implica corpo. Ser é

---

1. BERGSON, H. *Matiére et mémoire*. Paris, Felix Alcan, 1921, p. 63.
2. NAFFAH NETO, A. *Psicodramatizar*. São Paulo, Ágora, 1980, p. 26.
3. NAFFAH NETO, A. *Psicodrama: descolonizando o imaginário*. São Paulo, Brasiliense, 1979, p. 58.

agir. É na ação, portanto, que tenho consciência de meu projeto. É na ação que me escolho, que me defino, que me torno. Mas se minha ação projeta o meu ser, ela me põe em contato com outros projetos, já que o outro, testemunha de meus atos, tem também o seu projeto. A interdependência dos destinos humanos encontra sua superação na solidariedade. O homem é definido em relação a um compromisso.

Corpo enquanto agente de conhecimento

A conquista simbólica do mundo, intermediada pela linguagem, se faz pelo corpo. Mas não é só. Por meio das sensações e percepções, o corpo é agente de conhecimento capaz de nos fornecer o imaginário, trazer à tona o desejo, possibilitar fantasias e, às vezes, realizá-las. Pela e transcendendo a linguagem, o corpo traz codificações simbólicas oriundas de uma dobra do externo sobre nós mesmos, que nos permite manter relações com as coisas que nos rodeiam. Em outras palavras, os códigos que nos permitem contato com essa realidade externa encontram-se em nosso corpo.

Corpo enquanto abertura

Se estou sem sono, já nos diz Merleau-Ponty, posso deitar-me e esperar que ele chegue. E ele chega através dessa posição corporal. Mas, quando durmo, algo em mim permanece acordado e me permite o despertar. O corpo me assegura essa duplicidade de passagem. Não apenas entre o sono e o acordar, mas entre diversas instâncias do viver. *"Mas, justamente porque pode me fechar ao mundo, meu corpo é também o que me abre ao mundo e me coloca em situação."*[4]

Assim, o corpo se abre, por exemplo, ao fluxo criativo da imaginação. Segundo Sartre, sabemos que *"toda imaginação aparece sobre um fundo mundano, mas reciprocamente, toda apreensão do real mundano implica uma passagem implícita através da imaginação"*.[5] Nesse sentido, permite a encarnação, ou seja, *"a transposição para um plano corpóreo e perceptivo de fantasias e sonhos que antes nunca puderam chegar a uma explicitação"*.[6]

Corpo e cena psicodramática

Vimos em Merleau-Ponty que se a cena não se passa no real, tampouco se passa no imaginário. Não acontece no real porque pode ser interrompi-

---
4. MERLEAU-PONTY, M. *Phénoménologie de la percepcion*. Paris, Gallimard, 1969, p. 191.
5. SARTRE, J.P. *L'Imaginaire*. Paris, Gallimard, 1940, p. 361.
6. NAFFAH NETO, A., *op. cit.*, p. 108.

da, desfeita; no imaginário, porque traz à tona um envolvimento que simula o real. Passa-se, portanto, na Ordem do Mito. Mas ela só é possível através do corpo, porque é ele quem serve de abertura entre o nível virtual e o real. É ele quem permite o fluxo desse imaginário, transformando idéias em coisas. Permitindo, mais do que a liberação, uma explicitação de desejos, fantasias e sonhos, o corpo em cena permite o contraponto com o real. Se é na ação que o humano ganha consciência de seu projeto e se define, a cena realizada através do corpo permite essa ação. E não é uma ação comum, cotidiana. É uma ação buscada pela espontaneidade, carregada desses desejos e fantasias e que traz à tona poderosas cargas emocionais às vezes conflitantes. E, também, ao revelar o imaginário, a cena nos revela o fundo mundano que se relaciona com esse imaginário.

Enquanto centro virtual de ações, o corpo nos coloca em compromisso indissolúvel com o real que a cena expressa e dá à espontaneidade um âmbito de expressão.

Enquanto agente de conhecimento, o corpo em cena nos coloca em contato com percepções e sensações, inclusive de nossos próprios desejos e fantasias.

Enquanto abertura, o corpo nos permite o fluxo desses desejos e fantasias contidos no imaginário e o concretiza em cena.

Ao concretizar o imaginário em cena, o corpo permite, via ação, a consciência de nosso projeto e nos coloca em temporalidade e em contraponto com o desejo do outro, que pode ser percebido na própria cena. Assim, nos delineia a interdependência dos destinos e nos possibilita a solidariedade.

A cena fundamenta a terapia.
O corpo fundamenta a cena.

6
A cena e a linguagem cinematográfica

O teatro nasce com a humanidade.

O uso do teatro, como instância de cura, data pelo menos da Idade Média, como já nos demonstrou Foucault. Portanto, precede ao psicodrama. E, como projeto terapêutico, nasce em Moreno, no início do século. Naquela época o cinema ainda se esboçava. Hoje, em suas mais variadas formas, o cinema se desenvolveu muito e a indústria cinematográfica movimenta milhões de dólares, gera empregos e, acima de tudo, mobiliza intensas emoções.

O cinema é hoje uma outra realidade daquela do início do século.

A linguagem cinematográfica está desenvolvida e contém particularidades e especificidades. A ligação com o mundo da computação deu a essa linguagem possibilidades inimagináveis há poucos anos.

Seria possível, hoje, pensar-se na utilização de recursos da linguagem cinematográfica dentro do psicodrama? Aprender a raciocinar como um diretor de cinema, além de como um diretor de teatro? Se possível, que vantagens isso traria? O que complementaria?

O próprio Moreno, nós o sabemos, buscou importantes experiências com vídeo. Entre nós são conhecidas as experiências de Ronaldo Pamplona e Carlos Borba, bem como o trabalho de Luis Altenfelder gravando dramatizações em enfermaria, com pacientes psicóticos.

Tenho pouca experiência prática no assunto. Participei como diretor de cena de uma sessão gravada num congresso. Em consultório, realizei algumas sessões gravadas em vídeo. Estou, atualmente participando de um grupo que tem como objetivo gravar em vídeo uma peça teatral realizada com psicóticos.

Mas são experiências dispersas.

A questão que quero lançar aqui, entretanto, é diferente. Não se trata de discutir gravações. Não estou falando de película, de filme. Estou falando de recursos, de instrumentos cinematográficos que poderiam ser utilizados pelo psicodramatista nas dramatizações. Trata-se de debater a possibilidade da práxis psicodramática ser complementada pelo uso de recursos do cinema.

É evidente que meu objetivo é apenas estimular o debate. Não tenho conhecimento teórico em cinema, para mais do que isso. Mas, curioso que sou, procurei nos últimos anos adquirir um hábito de leitura sobre tais questões.

Tento, aqui, descrever um pouco disso. Não se trata de fazer relações teóricas entre cinema e psicodrama, mesmo porque não tenho competência para tal.

Trata-se, sim, de buscar alguns instrumentos da linguagem cinematográfica e propor utilizá-los no âmbito da dramatização.

Dividi este capítulo em quatro partes. Na primeira, procuro fazer uma breve apresentação da história do cinema. Na segunda, uma apresentação de certas ferramentas. Na terceira, procuro descrever algumas diferenças entre cinema e teatro convencional. Na quarta, mais importante, procuro funcionalidade psicodramática a partir das questões anteriores. Não procurei introduzir debate ideológico sobre cinema porque acho que neste texto ele ficaria deslocado, mesmo porque o debate ideológico do livro encontra-se no próximo capítulo.

1. Pequena história do cinema

Sabemos que o teatro nasce com a humanidade.

O cinema não. A idéia de dar movimento às figuras parece antiga, mas a realização prática é apenas do final do século passado.

Surge com os irmãos Lumière e o cinematógrafo, por eles construído. Há aqui uma série de considerações sobre seqüência de fotos, retenção de imagens na retina etc., que todos nós conhecemos.

O que temos com esses iniciadores são os simples registros de imagens. Não é à toa que suas produções versavam sobre o café da manhã do bebê, a chegada do trem na estação ou operários saindo da fábrica.

O mágico Georges Méliès, amigo dos Lumière, aponta para outra direção. Utilizando-se de muitos de seus truques, produziu as primeiras histórias que muito agradaram aos espectadores. Talvez porque suas influências principais fossem oriundas do teatro, Méliès produziu mais um teatro filmado. Uma câmara única e fixa gravava a peça teatral num enquadramento rígido que correspondia à boca do palco. Respeitava-se o sistema de unidade do teatro clássico, ou seja, unidades de tempo, de espaço e de ação.

Assim como a peça teatral é dividida em atos, aqui se produziam letreiros intercalados entre cenas.
Tudo funcionava como se se buscasse um "ponto ideal" da platéia e se fixasse nele a câmara.

David Wask Griffith foi o primeiro a buscar maior autonomia para o cinema, tentando desvinculá-lo do teatro e da literatura. A câmara é solta, atenta a todos os pontos de vista; tempo e espaço não se mantêm em unidade, e a montagem passa a ser buscada com intensidade. Como resultado disso, ocorre maior participação da platéia na ação.

O clássico *Nascimento de uma Nação*, seu filme mais famoso, traz todas essas inovações e se constitui num marco do início da linguagem cinematográfica.

Se Griffith é apontado como iniciador do código cinematográfico, esse código se universaliza a partir de Charles Spencer Chaplin. Humanizando seus personagens, principalmente Carlitos, Chaplin aumenta a identificação do espectador com o personagem e faz com que este sinta-se mais participante da ação. Ao mesmo tempo, lança questões intrigantes e complexas, mobilizando o espectador tanto no nível emocional quanto no intelectivo.

Muitos teóricos e muitos cineastas poderiam ser descritos. Cada um com suas idéias, suas ideologias e suas propostas estéticas. A partir do encontro de uma linguagem específica e da universalização desse código, muita coisa aconteceu. Algumas tentativas foram frustradas, como o cinema em três dimensões. Outras, como o uso de recursos de computação, se estendem.

Evidentemente, a linguagem cinematográfica só podia crescer à medida que cresciam os instrumentos técnicos e a própria indústria cinematográfica. Não cabe aqui, embora considere importante, discutir os possíveis desvios que essa indústria realizou em função de suas necessidades mercadológicas. Cabe constatar essa indústria e pensar seu produto.

Assim, o cinema virou um poderoso meio de comunicação de massa. Nesse sentido, poderia ser estudado dentro de uma Teoria Geral da Comunicação.

Dentro dessa teoria teríamos que pensar em seis elementos básicos:
 1. um emissor ou fonte (as escolas cinematográficas em seus estilos);
 2. um código;
 3. um canal de comunicação;
 4. uma mensagem (visões de mundo veiculadas pelo cinema);
 5. um decódigo (a educação para a contemplação do filme);
 6. um receptor (o espectador e sua reação).

Para os objetivos deste livro, interessa avaliar um pouco mais profundamente a linguagem cinematográfica, ou seja, o código. É ele que pode nos dar certa compreensão de algumas ferramentas da produção do cinema, para que se possa pensar em seu uso em função de dramatizações.

2. A linguagem cinematográfica

Falamos em código cinematográfico quando nos referimos aos vários modos de estruturação da imagem conjugada do movimento, projetada numa tela, ou seja, do sinal cinematográfico. Tal sinal tem três características principais: o enquadramento, a composição e o movimento imaginal.

O ENQUADRAMENTO — O campo visual humano estende-se a um ângulo de quase 180 graus, concentrando-se num espaço de atenção menor, mas circundado por uma orla bastante grande. Exatamente o oposto acontece com a imagem cinematográfica, pois esta apresenta um campo visual bem definido, escolhido pelo diretor. Enquadramento é, pois, uma porção selecionada do espaço imagístico.

A palavra plano costuma ser usada quando se refere à presença do humano dentro desse enquadramento. Costuma-se definir alguns tipos principais de planos: planos ambientais, de expressão corporal ou de diálogo, e de intimidade ou psicológicos.

O plano ambiental é aquele no qual o ambiente prevalece sobre a figura humana. Pode ser Plano Geral, quando mal se reconhece a figura humana; Plano de Conjunto, quando a figura humana já é notada, embora não-reconhecível; e Plano de Meio Conjunto, quando a figura humana já é reconhecível, mas ainda prevalece o ambiente.

O plano de expressão corporal ou de diálogo concentra-se no corpo humano. Plano Médio é aquele em que aparece o corpo inteiro. Plano Americano é aquele recortado na altura dos joelhos. Meio Primeiro Plano restringe-se ao busto.

No plano de intimidade ou psicológico temos uma maior aproximação do corpo, numa distância à qual normalmente não nos colocamos perante os outros. O Primeiro Plano mostra o rosto de uma, de duas ou mesmo de três pessoas. O Primeiríssimo Plano mostra pormenores de um rosto. Há também o Plano de Detalhe.

A COMPOSIÇÃO — Se o enquadramento delimita o espaço da imagem, compor é relacionar linhas, luzes, sombras, cores e massas nas três dimensões desse enquadramento. Se vamos filmar um objeto, de que ângulo ele será visto? Em que parte da tela deverá aparecer? Estará iluminado ou não? As cores serão suaves ou vivas? Como se relaciona espacialmente com os outros objetos?

Tudo isso depende da intenção descritiva, narrativa, dramática ou plástica que o cinesta deseja imprimir.

Podemos ter composição de linhas, de cores, de luz e sombra, de massas, de profundidade, de angulação do quadro etc. Em geral, tais composições obedecem a um padrão que guarda características culturais, embora tais características possam variar bastante de pessoa para pessoa. Ou seja, não há significados absolutos, embora alguns deles possam ser descritos.

Assim, na composição de linhas podemos ter: linhas verticais, imprimindo ao quadro um caráter de prontidão, força, energia; horizontais, comumente se associam a placidez, tranqüilidade, espaço aberto; diagonais sugerem desequilíbrio, tensão, disputa; circulares dão a idéia de convergência, ordem; tipo arabesco referem-se a salto, leveza, ilimitação.

Não vou aqui buscar descrever diferentes formas de composição entre esses fatores, pois isto tornaria o texto muito longo. É importante que se perceba, entretanto, que tais composições podem ser fundamentais num filme. O jogo de diferentes profundidades, apenas como exemplo, pode dar alta carga emocional a uma cena. (Lembrem-se do seriado *Kung Fu*.) Ou o significado poético da composição de massas quando a nave pequena pousa suavemente sobre a enorme estação espacial, tendo ao fundo a imagem ainda maior da terra. (*2001: Uma odisséia no espaço.*) Todo um significado do empreendimento humano, da coragem, do domínio da natureza e, ao mesmo tempo, da fragilidade e da solidão humanas pervagam nessa imagem.

O diretor joga com essas composições segundo o que busca transmitir. Ele pode realizar uma tomada em profundidade na qual o revólver do "bandido" fica maior do que a figura humana do "mocinho", inspirando a dificuldade que nosso herói terá para vencer.

O MOVIMENTO IMAGINAL — Pode ser o movimento dentro do enquadramento, por deslocação de enquadramento ou por conjugação de imagens, que é a montagem.

Dentro do enquadramento, os principais truques cinematográficos são dados pela alteração do tempo na seqüência de fotos projetadas, que é o que dá a ilusão do movimento. O mais famoso desses truques é o retardamento, ou *slow motion*, entre nós traduzido por câmera lenta. Podem ainda acontecer alterações de foco, congelamento de imagens, sobreposição de imagens, obscurecimento e clareamento etc.

Os movimentos de deslocação de enquadramento são dados principalmente pelo deslocamento da câmera por rotação (panorâmica) ou aproximação/afastamento (carrinho). Aqui também se insere o *zoom*.

Segundo o teórico Paulo Antônio Pereira, uma câmera se movimenta para:

- acompanhar o que está em movimento;
- descrever ambientes e pormenores;
- criar relacionamento entre objetos ou personagens;
- revelar algo que não estava dentro do quadro;
- colocar o espectador em movimento, no lugar do personagem.

Voltaremos a esses movimentos, principalmente ao que propõe criar relacionamentos.

O movimento oriundo da conjugação de imagens, ou seja, a montagem, é o movimento cinematográfico por excelência. Seu centro se baseia na escolha da seqüência de imagens. Seqüências diferentes apontam significados diferentes. São comuns e até mesmo populares os jogos nos quais temos que colocar imagens numa seqüência, buscando uma compreensão. Não são poucos os que podem ser colocados em diferentes seqüências, originando significados diferentes. Psicólogos costumam usar tais jogos em testes de avaliação.

Montagens podem ser altamente manipuladas, segundo a intenção do cineasta. A montagem pode detalhar elementos de uma cena, como por exemplo, de um acidente de carro (coisas da vida).

Podemos ter *flashback* ou seu oposto, *flashahead*; elipse ou estiramento, inversão do tempo, imagens paralelas ou simultâneas (o mocinho desamarrando-se da árvore para poder salvar a heroína), repetição de tema, montagem com som (musical, ruídos ou locução) etc.

A montagem que mais nos interessa é aquela por sugestão, já que pode ser bastante simbólica. Relembremos *M, o vampiro de Dusseldorf*. Ao que me consta, é baseado em história verdadeira, de uma pessoa doente mental, adaptada para o cinema. O louco ataca pessoas e depois as mata. Ao atacar, está sempre assoviando uma melodia. Vê-se uma criança, na calçada, com um balão nas mãos. Ouve-se um assovio. A câmera enquadra o teto das casas. De repente, no enquadramento seguinte, vê-se subir um balão rumo ao céu. Deduz-se que ocorreu mais uma vítima.

Resumo: Vimos que o cinema pode ser pensado como um potente meio de comunicação de massas e, portanto, pode ser estudado dentro de uma Teoria Geral de Comunicação. Estabelece-se nesse nível seis elementos básicos, dos quais destacamos apenas um, o da codificação cinematográfica. Os sinais dessa codificação são divididos em enquadramento, composição e movimento imaginal. A funcionalidade desses sinais, principalmente no que se refere ao uso por nós, psicodramatistas, será discutida ainda neste capítulo.

Quanto aos outros elementos básicos da Teoria Geral da Comunicação, aplicáveis ao cinema, pouco optei por dizer. Tornaria o texto por demais longo em considerações pouco práticas.

Ainda assim, algumas questões talvez valham a pena.

Podemos considerar que o canal cinematográfico, num sentido amplo, seja o cinema. Num sentido mais estrito, o próprio filme. Esse canal necessita de uma tecnologia onde se tornam importantes o planejamento, a filmagem, a edição e a comercialização. Um aspecto especial é o planejamento criativo que remete aos motivos do filme.

Emissor é o autor do filme, suas escolas, tendências, estilos, estéticas, indústrias etc.

Mensagem é o próprio conteúdo do filme, e remete à proposta do emissor. Filmagens são realizadas seguindo eixos. Os principais eixos fílmicos são a idéia, a ação, o documentário, o personagem, a pura imagem e a atmosfera.

Esses dois últimos fatores talvez sejam os que mais debates e polêmicas provocam, incluindo aí todas as disputas ideológicas que cercam o cinema.

Decódigo é o acervo de dados que permite a cada "vedor de imagens" transformar-se num verdadeiro espectador de cinema. Mistura inteligência, entendimento, prazer, e se constitui na "cultura cinematográfica".

O receptor é o próprio espectador que, em última análise, sustenta a indústria cinematográfica e que possui, dentro daquela cultura, o seu decódigo, ou seja, a sua maneira de assistir ao filme, os significados que dá a cada cena e ao filme como um todo.

3. Certas diferenças entre o cinema e o teatro convencional

Esta é uma parte do capítulo que considero mais importante do que a anterior, pois nos prepara para o entendimento da utilização prática dos instrumentos cinematográficos no psicodrama. Em outras palavras, liga a parte anterior (ferramentas) com a posterior (uso).

Não se trata de buscar correlações práticas ou teóricas entre teatro e cinema. Trata-se, apenas, de enunciar algumas diferenças entre essas duas instâncias, preparando-se para pensar a prática psicodramática em função dessas diferenças.

Como o capítulo versa sobre o cinema, procurei delinear as diferenças centrando-se no cinema e fazendo o teatro girar em torno. Isto não significa, em nenhuma hipótese, qualquer tipo de preferência, nem como arte, nem como uso psicoterápico. Até porque o teatro é o centro da proposta psicodramática. Se alguma vez aponto a vantagem da linguagem cinematográfica é porque é sobre essa vantagem que quero raciocinar. Isso não implica que o teatro não tenha, também, até como uso terapêutico, inúmeras vantagens. É que essas, nós já as conhecemos em nossa formação.

O ENQUADRAMENTO — Para muitos teóricos, a força do cinema estaria na limitação do campo visual. De fato, sendo o foco de atenção reduzido e o campo visual bem definido, é possível selecionar-se mais objetivamente o espaço imagístico. A câmera grava aquilo que foi selecionado, permitindo inclusive maior aproximação ou afastamento. Assim, dirige a atenção do espectador, fazendo-o ver o que lhe é sugerido. Pode deter-se em detalhes, naquilo que Hitchcock chamou de impacto de proximidade, como a famosa cena do banheiro em *Psicose*.

Tudo isso tende a aumentar a participação do espectador, já que aumenta o poder de mobilização e a velocidade de percepção.

A CÂMERA SUBJETIVA — É famosa a cena, no final de *Sindicato de ladrões*, na qual Marlon Brando, ensangüentado e cambaleante, dirige-se ao local onde se concentram os trabalhadores e os incita à revolta. A câmera "toma" o papel do ator, imitando inclusive o cambalear. O espectador é levado a identificar-se com a personagem de uma maneira muito profunda. "Somos" a própria personagem, à medida que somos levados a enxergar com os seus olhos.

O recurso da câmera subjetiva pode ser utilizado com muita propriedade em situações de diálogos, fazendo com que o espectador participe do diálogo e, muitas vezes, tome partido.

A IMAGEM COMO IMITAÇÃO — Se o cinema, por trabalhar com seqüência de fotos, reproduz a realidade, é uma questão muito polêmica. Muitos teóricos fixam-se na posição de um realismo revelatório, ao afirmar que o cinema está amarrado à realidade que ele duplica. Outros, opostamente, acreditam que ele é irreal, por tratar de um discurso inscrito em convenções das várias linguagens que nele existem. Em outras palavras, ele é ilusão à medida que é montagem de seqüência de fotos. Uma posição, talvez intermediária, e muito importante, é a de que o real se organize no discurso do cinema ou, em outras palavras, não se trata de uma contemplação revelatória, mas da produção de novos significados que surgem a partir da projeção.

De qualquer maneira, uma pintura, por mais "perfeita" que seja, difere do objeto. Na verdade, a pintura corresponde a um conceito mental desse objeto. A foto, que origina o cinema, reproduz o objeto. Pode-se questionar, dentro de certos ângulos, se essa reprodução corresponde ao objeto real, mas não se pode negar que a reprodução é direta, e não oriunda de um conceito mental do objeto.

Poder-se-ia argumentar, com toda razão, que o teatro traz o objeto direto. Mas, por isso mesmo, não permite a reprodução e a seleção.

A MULTIPLICIDADE DE CENÁRIOS — Já disse Diderot, em seu *Conversações sobre o filho natural*, quão grandioso seria o teatro que permitisse a multiplicidade de cenários. Quão interessante seria se cada cena pudesse ter o seu cenário específico.

Há experiências de atores mudando de palco em nova cena, dentro do mesmo ato. Há também experiências do deslocamento de espectadores. Mas tudo isso tende a tornar-se trabalhoso e algo artificial, à medida que o deslocamento requer um tempo. E será sempre limitado. No cinema isso é possível. O deslocamento é direto, não requer tempo nem trabalho. O espectador, embora fixo, sente-se deslocado a um novo cenário.

O ETERNO PRESENTE — Os teóricos afirmam que o cinema se encontra sempre no presente do indicativo. Mesmo que uma cena remonte ao passado, em *flashback,* por exemplo, ela é vivida pelo espectador como no presente, "naquele presente". Por isso mesmo, torna-se desnecessária a presença de atos. Esse seria um dos principais aspectos da força da linguagem cinematográfica.

Assim, a imagem não conjuga. E tem o seu ritmo próprio. Numa peça de teatro os atores podem alterar o ritmo. O leitor poderá ler mais rapidamente um texto, impondo um ritmo. No cinema não, o ritmo já está determinado.

Claro que essa determinação vai depender do cineasta. Este poderá dar significados diferentes impondo um ritmo particular àquilo que, na verdade, é apenas uma seqüência de fotos. Sendo, portanto, uma produção, pode-se dar uma dimensão bem diferente da dimensão temporal comum, dando a isso significados particulares e induzindo o espectador a viajar nessa dimensão incomum.

Entremos um pouco, agora, via Merleau-Ponty, na relação cinema, existência e temporalidade. Enquanto fenomenologista, admite uma incompleteza fundamental da percepção, numa negação de uma percepção absoluta. O filme, enquanto objeto de percepção, tem características que podem tornar explícitas certas estruturas que organizam nossa relação com o mundo. Em Merleau-Ponty, a percepção é uma atividade organizada e marca uma relação corporal com o mundo. O cinema é para ser percebido e não pensado. Ele expressa a convergência da consciência com o universo e a existência dessa consciência dentro de um corpo. Tornando-se manifesta, a união consciência-corpo-mundo mostra uma falência da dicotomia interior/exterior. Sentimentos não são fatos psíquicos ocultos num inconsciente, mas estilos de conduta visíveis. Estão presentes nos rostos e nos gestos e isto será mostrado pela câmera cinematográfica. Assim, o cinema é um lugar privilegiado da expressão da condição humana, do ser-em-situação, dentro de suas condições.

O MOVIMENTO — Já vimos que o movimento é uma das principais características da linguagem cinematográfica. Vimos também que ele pode ocorrer dentro de um enquadramento, por deslocação de enquadramento e por montagem.

Vou me ater às questões da câmera, deixando a montagem para um outro tópico. Vimos também as razões para o movimento, destacando-se aqui a revelação do oculto e a criação de relacionamentos entre objetos ou personagens.

Quando olhamos uma tela, nossa percepção tende a dirigir-se ao centro. A tela é centrípeta.

Quando assistimos a um filme, a percepção dirige-se para fora. A tela é centrífuga. Buscamos, via imaginação, o "fora da tela". Situamo-nos nesse intercâmbio "fora-dentro", e a câmera, correspondendo às nossas expectativas, pode realizar a busca desse fora e torná-lo dentro. No teatro, o espaço de encenação é real e se situa como complemento ao espaço real dos espectadores. No cinema, o espaço da tela é irreal e se coloca em oposição ao espaço real da sala de projeção.

A noção que se cria é a de que o espaço mostrado é um recorte extraído do mundo e que se estende para fora dos limites. É como se a tela fosse uma janela em movimento, que pode nos colocar diante de inúmeros cenários diferentes. Mesmo que a câmera esteja fixa, o aspecto centrífugo da tela determina um novo sentido para as bordas, que não servem de moldura mas funcionam como uma área de tensão apta a ganhar uma nova configuração. Se a câmera tiver movimentos, isto se torna ainda mais concreto.

Com o movimento da câmera, o espectador pode ter acesso a inúmeros ângulos diferentes, evidentemente aumentando sua participação efetiva. A captação de partes diferentes pode permitir a visualização de um todo e possibilitar um *insight* da percepção de algo antes não percebido.

No teatro convencional, a cena produz uma unidade fechada em si mesma, quase enclausurada. O espectador tem acesso a apenas um ângulo, embora possa ocorrer um movimento dos atores. As bordas são definidas e não remetem ao lá fora. Fica mais difícil a noção de que aquele espaço é um recorte do mundo lá fora.

A MONTAGEM — No teatro, cada representação é nova, embora a história narrada possa ser sempre a mesma. No cinema, o produto é acabado. O espectador não pode interferir. Existem experiências de escolha de final, mas de qualquer jeito não há um poder de interferência naquilo que já foi preparado antes.

Assim, a manipulação da sequência de fotos, ou seja, a montagem, pode ser uma arma importante para a produção. O cineasta pode sair de um nível narrativo, onde ocorre uma imitação dos fatos, para uma prática mais compatível com os impactos que quer produzir. Com isso manipula as imagens segundo uma visão de mundo, buscando nelas a sensualidade, a plástica, a sensibilidade que lhe aprouver. Pode propor combinações estranhas que choquem o cotidiano, pode buscar significados novos, pode fazer cortes que mostrem outros ângulos e outras distâncias.

4. Cinema e psicodrama

Todos nós, psicodramatistas, terapeutas ou não, já dirigimos cenas que tenham sido especiais para nós. Pelo caráter resolutivo, pela beleza plástica, pelo uso específico de algum instrumento técnico, ou seja lá pelo motivo que for, essas cenas se tornam inesquecíveis. Lembro-me de uma sessão de terapia de grupo, onde duas mulheres que tinham uma tendência à rivalização e freqüentemente competiam, pediram para dramatizar consigo mesmas.

O grupo dividiu-se entre elas.

Munido de um pouco de coragem, propus dramatizar as duas cenas que traziam. Num canto da sala iniciei a dramatização com uma delas e, no outro com a outra. Alternava a dramatização e quando estava dirigindo uma cena, congelava a outra. As pessoas do grupo participavam de uma cena ou de outra. O conteúdo de ambas as cenas começou, naturalmente, a dirigir-se para a competição e o abandono. A semelhança de conteúdo fez com que, em certo momento, as duas cenas tivessem uma plastia muito semelhante. Uma imagem que representasse a situação de cada uma delas foi montada, evidentemente, com notável semelhança. A partir disso, as imagens foram se misturando, se imbricando. Num certo momento, era uma imagem só, das duas mulheres. Nessa cena, agora única, ambas trabalharam suas questões nos diferentes papéis que a imagem comportava. A rivalidade entre elas surgiu, mas o que se tornou mais concreto foi como uma tomava a outra como mãe. A continuidade da sessão permitiu às duas um trabalho com a figura materna, mas o trabalho final ficou centrado na relação, agora supostamente mais télica. Seja pela sessão, ou por qualquer outro motivo, incluindo aí agradar o grupo ou o terapeuta, o certo é que passaram a ter uma relação muito mais afável e construtiva.

Guardo a lembrança dessa sessão com muito carinho. No momento em que a propus, estava me lembrando de uma comédia que eu havia assistido há muito tempo, onde o diretor jogava com duas cenas paralelas. Numa, o marido e a namorada, na outra, a esposa chegando. O recurso de cenas paralelas ou mesmo de cenas simultâneas é muito usado no cinema. Em dramatizações o usamos comumente, quando congelamos o diálogo da cena e o focamos em outro, embora aí seja mais uma diferença de foco do que de cenas. Mas podemos também deixar os dois focos correrem juntos.

Usamos muitas vezes sem perceber, recursos cinematográficos anteriormente descritos, alguns dos quais oriundos do teatro, outros não. Por exemplo: alteramos a velocidade do movimento, como quando usamos câmera lenta, luz estroboscópica ou mesmo quando congelamos imagens. Alteramos a luminosidade dos focos, obscurecendo ou clareando. Voltamos ao passado, em *flashback*; ou projetamos para o futuro, em *flashahead*. Fazemos montagens, recortes, e tantos outros recursos.

Alguns, entretanto, merecem ser destacados.

Há um ponto onde a dramatização psicodramática se assemelha mais à linguagem cinematográfica do que ao teatro convencional. É o movimento. Na dramatização, todas as pessoas da sala podem se movimentar, incluindo a platéia. Isso faz com que todas as pessoas possam perceber a cena de ângulos diferentes, e também permite um distanciamento maior ou menor em relação ao foco principal, controlando o clima emocional. E mais. Tais movimentos podem ser usados para realçar detalhes, para causar o impacto da proximidade, para criar relacionamentos entre objetos e personagens e mesmo para revelar o oculto. O que é oculto num ângulo ou distância, pode ser visível em outro. O que acontece aqui é que o terapeuta se encontra dentro da cena, mas ao mesmo tempo junto aos outros integrantes que se situam à margem da dramatização. Esse movimentar, possível a todas as pessoas, colocando-nos em distâncias diversas, como um *zoom*, nos remete a uma outra questão.

Vimos que no cinema as bordas da cena estão em constante tensão porque podem alterar-se facilmente. O "fora" é muito presente devido à potencialidade do movimento para outro enquadramento. No teatro convencional, as bordas tendem a ser mais fixas e a cena é mais enclausurada. Uma dramatização em psicodrama não tem a tensão das bordas, nem a potencialidade do movimento para fora, como no cinema. Mas, sem dúvida, está mais próxima disso do que do teatro convencional. A entrada e saída das pessoas no foco principal da cena, os movimentos que alteram as distâncias e a possibilidade de fácil mudança de foco permitem maior abertura. O terapeuta pode aumentar tal sensação sugerindo cenários externos, deslocando pessoas, invertendo focos, usando luz negra ou obscurecendo a cena. Não se trata apenas de embelezar a plastia da cena, mas, sim, de aumentar a identificação das pessoas com a história dramatizada, aumentando o envolvimento e a participação e conseguindo um impacto emocional e dramático maior. Isso possibilita que a dramatização, quer seja sobre o cotidiano ou não, alcance mais facilmente a expressão da condição humana, e possa nela interferir.

O terapeuta tem de tentar, usando os recursos descritos no parágrafo anterior, fazer com que a dramatização funcione como uma janela aberta, como se através dela se pudesse perceber mil outros aspectos que transcendem à cena. Como se as pessoas pudessem se reportar a outros tipos de realidades, fora daquelas codificações imediatas.

Mas não basta remeter mais facilmente ao "fora". É necessário intensificar o dentro. O enquadramento nos oferece isso. Não se pode aqui falar de enquadramento como numa filmagem, mas o sentido de enquadramento pode ser atingido quando selecionamos um espaço e focamos a atenção do grupo para ele. Todos os planos descritos anteriormente, desde o ambiental até o de intimidade, podem ser focados. Detalhes, expressões, gestos e muito mais serão apontados, sem detrimento para a seqüência da cena, permitindo um discernimento maior para todos, e o conseqüente envolvimento. Poderá também focar certos objetos, de tal maneira que redimensione a relação desse objeto com as pessoas, trazendo um novo significado a esse objeto. Ou mesmo focar posturas corporais que incrementem a percepção emocional dos participantes sobre o protagonista. Formas de vínculos, expressas corporalmente ou não, também poderão ser focadas, algumas vezes trazendo à tona relações até então não-percebidas.

Embora não se possa fazer montagens porque não temos a película, podemos conjugar imagens, alterar composições, recriar objetos, recortar distâncias e muito mais, naquilo que a nossa criatividade permita. Mesmo o "corte", recurso fundamental da montagem, pode ser imitado. Um corte bonito utilizado por terapeutas de grandes recursos cênicos é iniciar a dramatização numa cena, ter uma seqüência de cenas e encerrar a dramatização "ligando" essa última cena à primeira, permitindo a todos uma compreensão muito grande das questões dinâmicas envolvidas. Já tive oportunidade, algumas vezes, de participar de vivências públicas dirigidas pelo psicodramatista José de Souza Fonseca Filho, nas quais esse recurso foi utilizado com resultados plásticos e dinâmicos muito fortes.

E o que se pode falar dos "eixos fílmicos" de uma sessão?

Talvez, quando quiser alcançar maior elaboração (trabalho com um depressivo?), o terapeuta possa conduzir a sessão como um documentário. Ou, como num jogo, centralizar-se numa personagem que possa ter alguma representação simbólica importante no momento dinâmico do grupo (uma personagem fanática e persecutória num momento defecador do grupo?). Poderá buscar um clima específico como a solidão da incomunicabilidade (extraterrestres de diversas origens, portanto, com sistemas de linguagens diferentes, que se encontram num pequeno planeta desabitado). Poderá priorizar a ação, qualquer que seja sua forma (sessão com dinâmicas obsessivas?). Ou uma idéia qualquer (levantando contradições e polêmicas). Ou ainda, importar-se mais com a plastia da sessão, buscando uma sensibilidade grupal mais apurada (fase de vinculação do grupo?). Claro que esses exemplos são aleatórios, servindo apenas para mostrar que vale a pena pensar nos eixos de uma sessão. Dentro do que busca, e levando em conta o momento dinâmico do grupo, o terapeuta poderá delinear qualquer um desses eixos.

Como não temos filmagem, não temos a câmera subjetiva. Mas qualquer um dos membros do grupo pode tomar o papel do protagonista e vivenciar esse papel dentro das circunstâncias emocionais e situacionais desse protagonista. Costumo fazer com que o maior número de pessoas tome o papel central, desde que isso não desaqueça a dramatização.

Enfim, o conhecimento dos recursos do código cinematográfico poderá dar ao diretor, terapeuta ou não, maior possibilidade de buscar o envolvimento das pessoas com a dramatização, aumentando a identificação com a história e suas personagens, e conseguindo um resultado, terapêutico ou não, mais profundo. Apesar de neste capítulo ter-me colocado um pouco mais genericamente em relação às técnicas cinematográficas, talvez em função da amplitude e do desconhecimento mais profundo, espero ter conseguido passar a idéia básica, que é a de aprendermos a raciocinar também cinematograficamente.

7
Ética, ideologia e cena psicodramática

Não se trata de elaborar correlações sobre a ética do psicodrama, mas apenas pensar sobre alguns aspectos dessa ética presentes numa teoria da cena.

O espetáculo moreniano nasce no teatro.
Mas, não em qualquer teatro.
Só naquele que tensiona, que libera, que transforma, que instiga, que promete, que rompe...
Nesse teatro, a realidade social está presente, às últimas conseqüências, porque seus atores representam seus temores, suas contradições, seus desatinos, suas vidas, enfim...

Nesse teatro o espetáculo é da platéia.
O protagonista é, a um só tempo, indivíduo e coletivo.
Traz à tona um *script* que não é só seu e que, em parte, desconhece. Traz à tona um inconsciente que não é só seu, mas de todo o grupo. Um conjunto de forças que o determina, uma trama da qual faz parte e que o denuncia.
E nessa denúncia, é porta-voz.

O grupo, em co-ação, testemunha e lhe dá fundo real.

Nesse campo simbólico, que é o palco psicodramático, nessa linguagem que é, primordialmente, de imagens, ocorre a interação de personagens que participam dessa trama, desse Drama.

Se é verdade que cada um vive suas emoções, seus sentimentos, seus conflitos, algo determinado pelo conjunto de valores de seu meio, é também verdade que a cena, enquanto ocorre, pode suspender aspectos dessa ordem social, possibilitando, às vezes, um redimensionamento desses valores.

Se a transformação da consciência se dá na ação, se o meio de relação é a atividade, então a cena, ao nos colocar em extensão ao mundo que nos cerca, nos lança na existência.
O ser se descobre na dramatização.
As suas possibilidades vêm do conhecimento que adquire de si, que não é ciência, mas consciência.
Ao se escolher, cria um modelo de ser.
Assim, descobre a interdependência dos destinos humanos.

Pode alcançar a solidariedade.
Reinterpreta e reconstrói a realidade junto aos outros.

Isso não significa que os dramas sejam todos interpessoais. Mas se o indivíduo se constitui dentro de um processo histórico, e é nesse nível que se insere dentro da cultura, por mais que seu Drama se apresente como individual, traz junto o contexto social e desloca o Drama para um caráter coletivo.

Com isso, o terapeuta pode perceber as formações ideológicas que orientam as relações do sujeito.
E pode tentar interferir nelas. Desmanchar/reconstruir os trajetos sociais e relacionais que originaram seu discurso.

Em termos de terapia, em poucos lugares isso é tão possível quanto na cena...

8
Classificação das cenas

Classificar é escolher parâmetros e organizar o conjunto segundo esses parâmetros. Como a escolha de parâmetros já indica uma posição de valores, classificar pode tornar-se perigoso porque pode induzir e desvirtuar. Assim, classificar nem sempre é avançar. Nem sempre é clarear. Mas classificar, às vezes, pode ser didático. É essa a minha intenção ao propor uma pequena classificação.

Quanto à funcionalidade, uma cena pode ser psicoterápica ou psicopedagógica.

Quanto ao conteúdo que traz à tona, pode ser real (quando expressa um acontecimento), simbólica (quando representa um outro acontecimento), fantasiosa (quando traz à tona uma fantasia não-realizada), delirante (quando impõe um acontecimento como realidade) ou mista (quando mistura alguns desses aspectos). Podemos, ainda, pensar em parte manifesta do conteúdo de uma cena, e parte latente desse conteúdo.

Quanto ao número de participantes, uma cena pode ser individual, individual realizada em grupo ou grupal.

Quanto à seqüencialidade, pode ser única, e também chamada de horizontal, ou pode ser seqüencial, também chamada de vertical.

Quanto à efetividade, pode ser espontânea/criativa, também chamada de transformadora, ou pode ser defensiva, incluindo aí as defesas do indivíduo, do grupo ou do próprio terapeuta. Nesse caso, poderia ser chamada de contratransferencial.

Quanto às fases da matriz, pode ser atuante na simbiose, na fase de espelho, na triangulação, na circularização etc.

Quanto à concretização, pode ser concreta (dramatização comum), psicodrama interno (realizada por meio de imagens internas), virtual (quando se utilizam princípios técnicos em nível verbal), imaginal (quando trabalha com imagens mentais propostas pelo terapeuta, por exemplo, sobre um filme da vida do paciente para que este acompanhe) ou mista.

Quanto ao conteúdo dos jogos, pode ser por jogos espontâneos (criados no próprio momento) ou por jogos padronizados (onde um jogo pré-formatado organiza o aparecimento do conteúdo). Poderíamos pensar aqui no teatro espontâneo e no jornal vivo como jogo intermediário.

Talvez o principal "divisor de águas" na classificação de uma cena seria a sua capacidade de "criar" subjetividades. Assim, teríamos cenas subjetivadoras, criativas/espontâneas ou ainda "de Encontro" e, por outro lado, cenas defensivas ou de adaptação.

Poderíamos pensar em classificar as cenas ainda por critérios de utilização de técnicas, por formas de aproximação, pela utilização ou não de egos, profissionais ou não-profissionais, pela ideologia, pelo caráter profilático ou curativo etc.

Uma outra maneira de pensarmos a cena seria pelo tipo psicodinâmico do protagonista, mas esse é assunto para um outro capítulo.

9
Questões práticas

1. Cena e psicodinâmica

Certa feita, no Norte do Nepal, presenciei uma cena surpreendente. Num mosteiro, perto de um vilarejo, a família de uma pessoa morta contava, por meio de cenas, a vida do falecido. Tratava-se de um ritual religioso e não de uma atração para turistas. Por isso mesmo guardei uma distância bastante respeitosa. Tal distância, entretanto, não me impediu de acompanhar, durante alguns minutos, a seqüência de cenas. Havia um envolvimento, uma carga emocional realmente fascinantes. Poucas vezes pude ver tal intensidade em nossas dramatizações. As estereotipias contidas em nossas dramatizações cotidianas, às vezes, detonam toda a criatividade e a espontaneidade que seriam possíveis.

É possível que a intensidade daquelas cenas fosse correlacionável com a simpatia pela pessoa morta. Mas, é mais provável que o ritual guardasse uma genuinidade por nós perdida. Seria muito bonito um trabalho que pudesse buscar semelhanças e dissemelhanças entre tais rituais quase psicodramáticos em culturas diferentes. Provavelmente, teríamos surpresas consideráveis.

Mas não é só nas diferenças de cultura que podemos buscar tais parâmetros. Dentro de uma mesma cultura, pessoas diferentes podem participar de dramatizações de formas muito diferentes, talvez, segundo sua classe social, sua idade, suas crenças etc. Tais fatores, entretanto, são muito amplos para que possam ser estudados dentro de um consultório ou de um hospital.

Um fator que pode ser avaliado mais a contento é o psicodinâmico, inclusive com maior interesse prático. Torna-se necessário, a meu ver, que as técnicas de cena possam ser pensadas em relação aos diferentes tipos de estruturas psicodinâmicas. Isto é verdade não apenas quanto ao aspecto estrutural dinâmico mais profundo, mas também quanto aos aspectos caracterológicos mais superficiais, ou seja, quanto às formas de funcionamento do indivíduo, as quais muitas vezes são respostas aos já referidos aspectos dinâmicos. Seria estranho e até incoerente se as técnicas dramáticas funcionassem igualmente para os diferentes tipos estruturais. Ao contrário, existem certas especificidades cênicas no que se refere a essas diferentes estruturas psicodinâmicas.

O psicodrama não tem, a meu ver, uma descrição psicopatológica mais profunda. Talvez se pudesse pensar em descrições psicopatológicas psicodramáticas a partir de como a pessoa se situa dentro de uma dramatização, mas isso se refere a um campo de estudos de toda uma vida.

Podemos pensar tais questões dentro do campo da psicopatologia clássica, nos quadros clínicos das neuroses e de algumas psicoses. Por mais psicodramatistas que sejamos, não conseguimos deixar de pensar em histeria, fobia, obsessividade, personalidades psicopáticas, depressões, psicoses esquizofrênicas etc.

O que proponho aqui é levantar alguns traços psicodinâmicos desses quadros e pensar que especificidades dramáticas eles contêm. Nesses vinte anos de prática de psicodrama, sempre procurei desenvolver uma percepção das diferenças de reações à cena nos múltiplos quadros psicodinâmicos. O que pretendo, aqui, é descrever um pouco dessas percepções, mas sem nenhum valor formal, sistematizado. Ao contrário, trata-se de reunir pequenas considerações práticas, muitas delas, questionáveis.

É evidente que raciocinar em termos de dinâmica cumpre um papel didático, de caráter prático. Isso não significa que devemos ver na pessoa apenas dinâmicas. O ser humano é muito mais complexo do que qualquer dinâmica que possa ser descrita a seu respeito.

Procurarei fazer uma pequena introdução do quadro clínico, apontar alguns aspectos caracterológicos e descrever possíveis especificidades dramáticas. Como nos últimos anos tenho me preocupado muito com a questão da subjetividade, em vários momentos procuro pensar a dinâmica e as saídas técnicas em relação a essa variável.

A) DINÂMICA HISTÉRICA

A palavra histeria remete a uma série de características diferentes, às vezes, até contraditórias. Fala-se em sugestionabilidade, dissociação mente-corpo, imaturidade, motivação de sintomas, simulação, exagero, conversão, fenômenos dissociativos, regressão e repressão da sexualidade, exaltação das emoções, sensação de desvalor interno etc.

Todos nós sabemos a seqüência do entendimento freudiano a respeito da histeria. Inicialmente, ele sugeriu que os sintomas histéricos eram causados pela lembrança inconsciente de acontecimentos que eram acompanhados de intensas emoções e que, por algum motivo, não se expressaram na época em que o fato ocorreu. Logo depois, Freud imaginou que tais acontecimentos deveriam repugnar o ego, concluindo que estes tinham natureza erótica ligada à sedução passiva. E, posteriormente, admitiu que, na verdade, tratavam-se de fantasias da criança, descobrindo assim a sexualidade infantil.

Modernamente, tende-se a relacionar a estrutura profunda na histeria com identificações que ocorrem ao longo do triângulo edípico, tendo-se uma figura idealizada do homem e da mulher, que formam um casal, e uma figura denegrida de mulher, excluída da relação com o homem. Cria-se uma rivalidade intensa com a mulher/mãe e o pai é buscado antes e com maior intensidade, pois tem algo que a mãe não tem. Como a atitude é incestuosa, origina-se a repressão sexual. Como o pai não pode corresponder, há uma frustração. O homem/pai mantém-se forte, potente, inacessível. A mãe/mulher é desvalorizada. Daí decorreria o caráter das "cenas", na tentativa de sedução e a conseqüente exclusão da rival. O fracasso da sedução dá a vitória à rival, que recupera seu lugar, deixando de novo a pessoa em posição de abandono e tristeza.

Para nós, psicodramatistas, via núcleo do eu, a histeria encontra-se ligada principalmente à insatisfação, às exigências afetivas. Embora não tenha conhecimento de alguma tentativa psicodramática de descrever uma dinâmica histérica mais profunda, é óbvio para mim que há uma tendência de os psicodramatistas valorizarem mais a insatisfação na relação com a mãe, sendo a busca do pai apenas uma compensação a essa falta materna. Daí decorreria a ansiedade de sentir-se importante para outra pessoa.

Laing faz um importante contraponto à psicanálise, pensando a questão em termos de falta de autonomia ontológica, em que o medo ao abandono e a necessidade do outro predominam, e as fantasias incestuosas ligam-se ao temor de ficar sozinha, solidão essa que esvazia seu senso de identidade.

Gostaria de destacar algumas questões no que tange ao trabalho dramático com o histérico:

1) Uma das questões básicas do histérico é sua necessidade de mobilizar o outro. Ninguém pode ficar neutro. Nesse sentido, o histérico já vive em cenas, ou seja, está constantemente armando cenas com o objetivo de impressionar o outro, de fazê-lo voltar-se para si, com o objetivo de mobilizar os afetos dos outros em direção a si. Tais cenas, que ele sempre está estruturando na própria vida, versam sobre suas competições, seus sucessos ou fracassos na constante sedução aos outros, seus eternos conflitos relacionais e, sobretudo, sobre aquilo que sente que lhe negam. Na terapia costuma trazer prontas suas cenas, das quais não se afasta e tenta levar o terapeuta e o grupo para o seu caminho.

2) Outra questão é a maneira como seleciona os fatos da realidade, fragmentando-os. Ele se liga a um aspecto verdadeiro dentro de um conjunto de fatos e o toma pelo conjunto, apresentando uma verdade real, porém, extremamente parcial. Com isso, fica muito difícil questionar sua leitura de realidade, já que ela é verdadeira. Se questionamos o conjunto, ele se apega ao fato particular e o mantém, neutralizando nossa leitura.

3) Sua dramatização, além de ser pré-montada, encontra-se recheada de racionalizações que tendem a evitar o aparecimento de uma emoção mais verdadeira. Racionaliza e nega. Às vezes traz emoções, mas em geral estereotipadas e exageradas com o objetivo de validar sua leitura de realidade.

4) Na cena, como defesa, procura estabelecer com o terapeuta uma proposta de relação que torne difícil a intervenção terapêutica. Realiza isso trazendo à tona sua dor, tentando mobilizar o terapeuta e levá-lo a aceitar sua leitura de realidade. O terapeuta, contratransferencialmente mobilizado pela dor do protagonista, pode se inibir e permitir a condução deste. Em outros momentos, ainda como defesa, pode propor uma verdadeira luta pelo poder de conduzir cenas, às vezes até naquelas em que nem é o protagonista.

Inicialmente, é preciso que o terapeuta mantenha distância suficiente para poder manter seu pensamento livre. Deve perceber a dor real do indivíduo, reconhecer o empreendimento humano nessa dor que se localiza mais fundo do que a montagem artificial, mas sem envolver-se nessa montagem. Deve mostrar ao paciente que, se a dor é real, existem mais questões para serem avaliadas. Não pode incorrer no erro freqüente de entrecortar a sessão com muito verbal, questionando logicamente o protagonista. Não se ganha num confronto verbal com um histérico; no máximo, se empata.

As primeiras cenas mais aprofundadas que podemos propor para tal pessoa referem-se, a meu ver, justamente às inúmeras situações cotidianas, nas quais surgem todos os seus conflitos, exigências afetivas, insatisfações etc.

A técnica que talvez seja mais eficiente é a tomada ou troca de papéis. Ela visa possibilitar que o protagonista tenha a leitura de uma outra pessoa. É como se o estivéssemos ensinando a pensar de um outro ângulo. Nós mesmos, eventualmente, podemos interromper momentaneamente a cena e mostrar-lhe aspectos importantes de seu funcionamento, principalmente de seu funcionamento egocentrado, de seus entrecortes de realidade e de sua necessidade de mobilizar. A idéia dessa proposta é ajudá-lo a encontrar uma nova maneira de se colocar perante a realidade. Não se deve esperar que ele possa sentir muito essa outra posição, apenas que encontre uma leitura alternativa. Poderá adaptar a leitura do outro à sua própria e, então, poderemos recorrer ao duplo ou mesmo ao solilóquio do terapeuta sobre a dificuldade de levar a cena. Se o protagonista puder perceber que o terapeuta reconhece sua dor, tende a facilitar e buscar uma emoção mais verdadeira. Nesse sentido, entretanto, é importante que se reconheça seu drama, não na montagem, mas na sua necessidade de montá-lo. Na dor que gera o artifício, e não no artifício. Não fosse assim, correríamos o risco de estarmos reforçando sua conduta de armar cenas. Além da troca de papel, outra técnica importante a ser usada é o espelho, ainda para que possa compreender seu funcionamento e tenha leituras alternativas.

Se nada disso adiantar e a cena se mantiver artificial, talvez seja melhor o terapeuta interrompê-la. Por mais deselegante que isso possa parecer, trata-se de uma proposta de relação saudável, pois o terapeuta se recusa a participar de um jogo no qual o maior prejudicado é o próprio protagonista, já que manter a cena significaria a permanência de uma não-verdade, ou de uma relação de disjunção. Evidentemente, deve ajudar a pessoa a perceber a finalidade dessa interrupção. Estará colocando em questão o vínculo com o paciente, utilizando a própria relação para que o outro perceba suas distorções de mensagens e de leitura da realidade. Ao mesmo tempo, deve evitar disputas, inclusive relacionais, que essa atitude mais brusca poderia acarretar. O importante é que o paciente não se sinta excluído da sessão porque a dramatização foi interrompida, mas que perceba que se optou por isso em função do próprio processo psicoterápico.

Esse talvez seja também um bom momento para se trabalhar as frustrações de expectativas em relação ao terapeuta, separando-as das frustrações reais na relação com a mãe. É importante que se reconheça a sensação real de abandono materno e todas as implicações que disso decorre, inclusive nos aspectos afetivos em relação às pessoas do mundo. Que se reconheça perante o histérico que ele se situa num outro referencial de sensibilidade quanto às questões afetivas.

Tudo isso pode tornar a interrupção muito mais importante do que a continuidade artificial que a não-interrupção traria. Resumindo, a seqüência da ação dramática perante o histérico: troca ou tomada de papel. Se ele não entrar, duplo de colega do grupo. Se persistir, espelho seguido de solilóquio ou depoimento do terapeuta e, se necessário, interrupção da cena.

B) DINÂMICA FÓBICA

São inúmeras as características de uma personalidade histérica, às vezes neutralizando-se entre si. No caso da fobia, são poucas, em geral relacionadas a medo, pânico, ansiedade e temor. Entretanto, o fato de ter menos características não simplifica a questão, pois muitos autores não acreditam na especificidade de uma dinâmica fóbica. Alguns costumam incluí-la na histeria, outros na obsessividade e outros, ainda, nos estados de ansiedade. Isso sem contar com a atual síndrome do pânico, que se confunde com a dinâmica fóbica.

Nós, psicodramatistas, costumamos inserir a dinâmica fóbica, via núcleo do eu, junto com a histeria, no modelo do ingeridor.

Pessoalmente, acredito que existam dois tipos descritíveis de dinâmica fóbica.

Num deles, que poderíamos chamar de "mais histérico", predomina uma personalidade mais fragilizada, um pouco mais imatura. A ansiedade costuma ser muito grande, ligada à insegurança e menos valia. Há queixas somáticas ligadas principalmente ao coração e à respiração. Uma pesquisa tende a mostrar insatisfação na relação afetiva com a mãe e uma das figuras parentais ansiosa e fragilizada. A maior parte das mulheres que pude acompanhar com dificuldades na gravidez, problemas de parto e dificuldades emocionais em relação aos filhos no puerpério, tinha essa dinâmica.

No outro tipo, "mais obsessivo", o diagnóstico diferencial com a dinâmica obsessiva pode se tornar bastante difícil. Predomina aqui muito mais a tensão do que a ansiedade. São pessoas mais determinadas, que evitam a emoção raciocinando muito, são muito auto-exigentes e têm queixas somáticas mais ligadas à musculatura e ao aparelho digestivo. A pesquisa tende a mostrar um dos progenitores com grande grau de exigência.

Evidentemente, os dois tipos descritos apresentam as outras características de uma dinâmica fóbica.

Se a descrição clínica é algo confusa, a busca do entendimento psicodinâmico não fica atrás. Os escritos freudianos referem-se muito mais ao entendimento dinâmico da histeria e da obsessividade do que da fobia. Ainda assim, no adulto, remete ao fracasso de uma repressão que teria ocorrido na infância, com a expulsão de representações indesejáveis para o inconsciente. Tais representações estão ligadas à erotização e, comumente, associadas a fantasias de temor à castração.

Em função do propósito deste texto, gostaria de marcar alguns aspectos relacionados ao fóbico.

1) A angústia do fóbico relaciona-se a um perigo que se situa no externo, ou seja, fora de si. Há a fantasia de uma catástrofe iminente, à qual não resistirá. Esse perigo é comumente relacionado ao temor da própria morte. Uma avaliação mais profunda, entretanto, tende a mostrar que o temor da morte se concentra muito mais na morte de pessoas próximas. O temor central mais concreto parece ser o temor à loucura e à perda da razão. Poderíamos descrever como o temor ao contato com a não-identidade, como se se esvaziasse a sua subjetividade, como se lhe temesse faltar a autonomia ontológica.

Evidentemente, se entrar em contato com uma catástrofe real, essa ansiedade tenderá a aumentar ainda mais, podendo chegar a níveis de um verdadeiro pânico. Nesse caso poderá lhe ocorrer a vivência de desrealização ou de despersonalização.

É importante que se perceba que o processo terapêutico também pode representar esse tão temido perigo. Por isso a distância que se coloca em relação ao terapeuta tenderá a variar, para poder controlar esse perigo. Na cena isso será ainda mais evidente.

Uma das maneiras de marcar essa distância será negar a importância ou mesmo esquecer cenas dramáticas ocorridas em sessões anteriores, por mais profundas e mobilizadoras que tenham sido. O terapeuta desavisado pode forçar a lembrança ou, pior, contratransferencialmente magoar-se.

2) Se o perigo se situa fora, também aí se circunscreve a sua proteção. Por isso necessita de um acompanhante, que pode ser deslocado para um objeto, um patuá qualquer, inclusive para uma medicação a qual raramente toma, mas necessita estar com ela. A separação do acompanhante fóbico pode gerar ansiedades muito fortes; até porque sua subjetividade encontra-se muito ligada a esse acompanhante, define-se por meio da relação.

A questão fora ou dentro no fóbico, na verdade, é um pouco mais complexa. Para Winnicott, o fóbico existiria num eterno espaço transicional, onde interno e externo se confundem e não se delimitam.

Se o processo terapêutico pode lhe representar um perigo, pode lhe representar, também, uma proteção. Nessas horas tenderá a diminuir a distância com o terapeuta, mesmo em cena. Como essa variação de distância pode ser rápida, o terapeuta pode ficar confuso. É importante que se dê conta dessa confusão, que apenas expressa a defensiva do protagonista. É importante, também, que ele demonstre ao protagonista, se necessário interrompendo momentaneamente a cena, a confusão que ele está gerando. Essa interrupção, de apenas alguns segundos, é fundamental, inclusive para o trabalho do vínculo terapêutico.

Mas essa polaridade fuga/necessidade de proteção não se situa apenas na cena. Ela pervaga todo o processo. É importante que o fóbico reconheça como sua a polaridade, o querer e não querer. Que reconheça, inclusive, que essa polaridade pode lhe trazer desacordos defensivos na relação com o mundo, com o terapeuta, e dentro da própria cena dramatizada.

Apesar disso, considero que manter a situação de proteção na cena no início do processo seja útil. O terapeuta pode, inclusive, sempre com interrupções momentâneas, ir fazendo comentários sobre aspectos da cena, visando principalmente fazer correlações entre fatos e emoções. Acredito que isso, no trabalho com dinâmicas fóbicas, é de vital importância porque vai "tecendo" um emaranhado fora que tende a auxiliar na formação de um emaranhado dentro, preparando-o para futuras dramatizações mais profundas. Esse emaranhado, em seu centro, nada mais é do que uma forma de ajudá-lo a perceber o desejo presente em suas ações.

3) Duas emoções comuns são a preocupação e o desejo. A preocupação constante deriva dos temores já avaliados no primeiro tópico. A questão do desejo deriva não do fato de tê-los, pois todos nós, humanos, os temos, mas da maneira como eles se situam em relação a esses desejos. Comumente, têm muito medo dos próprios desejos. O desejo ligado à agressividade costuma estar dirigido para pessoas próximas, como os filhos. As características de personalidade das chamadas "mães esquizofrenogênicas", descritas por Fromm-Reichmann, parecem ser desse tipo. Tais desejos podem originar sofrimentos e sensações de culpa. Outro tipo de desejo ainda mais evitado é o erótico. Costuma estar localizado em direção a relações incestuosas. Aqui se situam com muita clareza as questões edípicas femininas, com a já classicamente descrita separação entre afeto e sexo.

4) Em função de sua preocupação, parece que o fóbico se desloca em direção ao futuro, como o obsessivo. Uma avaliação mais detalhada, entretanto, mostra que ele se situa numa presentificação. A ansiedade tão forte, o temor à catástrofe e a sensação de loucura iminente colocam-no diante da necessidade de defesa que tem de estar voltada para o presente. Aproveita muito pouco do passado, o qual costuma evitar. Com tudo isso, tem dificuldades em fazer projetos e em realizá-los. Vive em função do imediato de sua preocupação. A construção da vida pode lhe ser penosa. Evita situações que possam lhe trazer perigo. O próprio progresso da terapia é ameaçador. Por isso mesmo, muitas vezes interrompe abruptamente o processo terapêutico, rompendo com facilidade o vínculo, muitas vezes deixando o terapeuta atônito com o desfecho.

5) É evidente que suas defesas têm o propósito de adaptá-lo perante o perigo externo. Mas não podemos deixar de perceber também que elas podem ajudar a preencher desejos reprimidos, ou seja, que possa existir uma determinação nos conteúdos de seus sintomas.

6) O entendimento do medo mostra alguns aspectos importantes para serem pensados. Apesar do efeito difícil que o excesso de medo nele produz, algumas vezes o fóbico pode ter pequenas vantagens. Preocupa-se mais com certas coisas do cotidiano, programa melhor certas atividades, treina melhor para certas competições etc. Isso pode ser mostrado a ele. Outro aspecto ainda mais importante, é que muitas vezes utiliza o medo como uma espécie de "calibrador" de sua ação. Em outras palavras, "busca o medo" quando existe o risco. Algumas vezes, um questionamento mais fundo mostra que o medo, naquela situação, nem existe. Era apenas uma forma não-emocional de controle do risco ou até mesmo da terapia.

Levando em conta tais aspectos, podemos pensar nas seguintes propostas de ação dramática com o fóbico:

A pessoa com dinâmica fóbica tende a evitar a dramatização. Prefere conversar. Se o protagonista é o grupo todo, por exemplo, num jogo comum de teatro espontâneo, tende a entrar muito pouco, ficando mais em nível verbal. Com isso, pode desaquecer a dramatização grupal. Se a aquecermos previamente, ocorrerá o risco de superaquecer-se, o que também inviabiliza o ato dramático, pois estará ansiosa demais para que a dramatização grupal se realize. Poderá utilizar-se de recursos obsessivos, controlando o ato dramático por meio de pequenos rituais. Isso pode ser bom, porque lhe devolverá o controle e a sensação de perigo pode diminuir, permitindo uma sessão mais eficaz.

Quando é a protagonista da sessão, tende a fugir muito. O melhor é não iniciar uma caçada, num jogo de gato e rato, desgastante para ambos. É melhor centrar-se e dar tempo para que a sessão possa ir se desenvolvendo e ela vá perdendo o medo. Em casos de muita ansiedade terá dificuldade de fazer cenas verticais, ou seja, uma seqüência que remeta ao passado, pois fica muito presentificada.

A ansiedade surge mais forte quando se aproxima de material psíquico indiferenciado, ou seja, de aspectos de não-identidade. O melhor nessas situações é ajudá-la a relaxar e voltar-se para o corpo, a primeira identidade. Em casos de alta ansiedade poderá ter vivências de desrealização e despersonalização, o que pode assustar o grupo.

A aproximação de desejos eróticos também pode lhe causar um excesso de ansiedade. O melhor é não forçar o reconhecimento desses desejos dentro do ato dramático, e ajudá-la a reconhecê-los no processamento da sessão, verbalmente. Se tentarmos o reconhecimento desses desejos dentro da cena, poderemos usar, com cuidado, espelho e troca de papel com a platéia. Muito cuidado, também, durante a dramatização, com a aproximação física, pois seus desejos incestuosos podem estar mobilizados e se transferirem para o terapeuta.

Ao contrário do que acontece com o histérico, a troca de papel, aqui, deve ser menos indicada, já que a "experimentação de uma outra subjetividade" pode assustar. Talvez seja melhor investir inicialmente na técnica do espelho, pondo-o para falar dos outros. Como as suas situações de proteção e de perigo são vivenciadas como fora, ele inicialmente está mais preparado para falar desse fora. Falar do interno lhe será mais difícil. Tudo nele funciona como se esse interno não existisse. Em momentos futuros da terapia será mais fácil para ele perceber suas questões como dentro, permitindo que a troca de papel possa ser mais eficiente. Nessa fase, o duplo e o solilóquio também podem organizá-lo melhor e diminuir o seu medo. Ele já estará começando a reconhecer sua realidade psíquica interna e estará apto a sentir seus desejos em nível cênico, embora ainda com muita ansiedade. Alguém poderia argumentar que estou tomando o fóbico quase como um psicótico. Mas na dramatização, o seu temor à não-identidade pode crescer tanto que ele pode realmente se aproximar de uma vivência que se assemelhe a um surto. É claro que esse risco não existe, mas há um temor do risco.

Uma maneira de trabalhar a temporalidade seria realizar o túnel do tempo, colocando-o em situações futuras. O túnel do tempo poderia ser simulado com uma almofada que se desloca para a frente, representando diferentes anos. Cada posição da almofada significa um período novo, sobre o qual o paciente discorre (no presente desse futuro) ou dramatiza. O terapeuta conhece os pontos de conflitos da pessoa e os questiona, nesse futuro. Apesar da simplicidade da técnica, ela pode mobilizar emoções fortes, a serem elaboradas.

Colocar o fóbico em psicodrama interno pode ser difícil, pelo temor ao perigo externo e à erotização. Recusa-se, inclusive, a fechar os olhos. Mas, se com esforço conseguimos introduzi-lo nessa forma de dramatizar, tende a corresponder bastante, com vivências mais emocionais do que na dramatização comum.

Jogos onde a dramatização se articule com o verbal, como berlinda, por exemplo, costumam ter bons efeitos.

Acima de tudo, entretanto, jogos grupais que se detenham em questões ligadas a desejos e medos ajudam muito. Esses jogos semi-verbais, do tipo: "eu tenho medo disso... e você?", costumam ajudar o fóbico a ir perdendo o medo e a preparar-se para sessões mais difíceis, mesmo porque se ele não estiver mais preparado, tenderá a reter todo o grupo.

O encaminhamento dramático dessa dinâmica deve ser feito vagarosamente, na seqüência das sessões e procurando sempre o processamento verbal, apontando as principais contingências.

C) DINÂMICA OBSESSIVO-COMPULSIVA

O fóbico, como acabamos de ver, pode objetivar seus temores em determinados objetos ou situações. Assim, ele tem a opção de poder afastar-se, já que aquilo que evita foi colocado fora de si.

O obssessivo não. Ele é angustiado com seus pensamentos e seus impulsos, portanto, com aquilo que se situa dentro dele, ou seja, não pode evitá-los. Como agravante, dá às idéias um poder muito grande. Assim, se entra em contato com um impulso, mesmo que esse não se realize na forma de ato, a realidade de seu impulso é muito poderosa. Senti-lo é quase como tê-lo executado.

Esse é o universo psíquico do obsessivo: carregado de angústia.

É daí que surgem as tão conhecidas características, tais como: rituais, dúvidas, caráter crítico, perfeccionismo, rigidez, controle excessivo, culpas, pensamentos mágicos, superstições, racionalidade exagerada, excesso de planejamento, preocupação, repetitividade, permanência de conteúdo, evitação das emoções, eventuais depressões, desgostos, dissociação mente/corpo e idéia/afeto e, principalmente, angústia.

Como tudo se situa dentro dele, há um eterno conflito entre forças opostas que se digladiam. O bem e o mal se situam dentro dele e ele é o campo de batalha. Atos repetitivos e pensamentos recorrentes interferem em sua consciência sem que ele consiga fazer algo a respeito, não importando a real funcionalidade desses atos e pensamentos. Por mais que resista internamente, vê-se sobrepujado por eles. Embora sinta-se desconfortável com tais sintomas, entrará em alta ansiedade se for impedido de realizá-los.

Para nós, psicodramatistas, via núcleo do eu, trata-se de uma dificuldade no modelo do urinador, responsável pelos aspectos de planejamento, controle e execução.

Freud novamente colocará a questão ligada a aspectos da sexualidade infantil. Ocorre uma regressão da fase fálica à fase sádico-anal. Isso implica no aparecimento de impulsos hostis. Como sempre, a representação repugnante tem de ser afastada da consciência, sendo enviada ao inconsciente. Enquanto na histeria a carga afetiva ligada à idéia intolerável é dirigida ao corpo, aqui a carga afetiva será encaminhada ao ego como formação reativa, à qual voltaremos posteriormente. Quando a repressão falhar, a idéia intolerável será substituída por outra que tenha uma equivalência simbólica. Esta idéia substituta, entretanto, conterá a carga afetiva que havia sido incorporada ao ego.

Para se defender dos impulsos hostis que, então, vêm à tona, criará rituais, que têm por função desfazer os atos e impulsos ditados pelo id. Se realiza o ritual, a idéia hostil é neutralizada, daí a ansiedade e a culpa se não realizá-los. Mas tendo também um valor simbólico, o ritual não apenas controla o id, como dá-lhe alguma forma de vazão.

Para o propósito do texto, procuro apontar alguns aspectos:

1) Uma das principais defesas dessa dinâmica é o isolamento. Por meio dele, o obsessivo não reage com emoções a situações emocionalmente carregadas, mantendo-se alheio. Assim, evita levar seus impulsos ao superego, impedindo-os de serem censurados. Evitando situações de emoções, muitas vezes parece ignorar os sentimentos e emoções de outras pessoas. Aos olhos externos, pode parecer egoísmo, como no histérico, que em função de suas necessidades, não leva o outro em conta. Aqui, entretanto, a situação difere. Esse afastamento das situações emocionais pode trazer-lhe angústias e sensações de culpa.

2) Estando sempre dividido e sendo palco do conflito interno, tenderá a se desgastar. Por meio da formação reativa, tenta balancear essas forças opostas, adaptando-se às exigências do superego e evitando as suas sanções. Os psicanalistas costumam colocar a questão como oriunda do conflito entre as instâncias psíquicas, naquilo que os filósofos se acostumaram a chamar de dialética da interioridade. Nós, psicodramatistas, entretanto, costumamos raciocinar sobre as forças opostas como a presença de tendências provenientes de figuras parentais internalizadas.

Não seria difícil, acredito, a partir da colocação de alguns desses aspectos psicodinâmicos, entender algumas das características citadas como inerentes ao caráter obsessivo. Sentimentos de culpa pelos pensamentos hostis; excesso de auto-exigência, crítica e perfeccionismo como tentativa de responder a um superego exigente; afastamento das emoções pelo planejamento excessivo e controle, rituais neutralizando impulsos etc.

3) O obsessivo volta-se para o futuro. Talvez como forma de controlar a própria angústia e os fatores de risco. Daí o pensamento mágico de que algo irá acontecer e solucionar sua preocupação, e as superstições tão freqüentes nesse tipo de dinâmica.

Tendo no presente apenas necessidade de garantir o futuro, a qualidade de vida, muitas vezes, está aquém do que poderia, arrastando junto as pessoas próximas.

4) Uma outra característica básica do obsessivo é a profunda exigência que tem sobre si mesmo. Se o histérico sente-se menos valorizado em relação aos outros, o obsessivo sente-se menos valorizado em relação a uma idealização, a algo que nunca pode ser atingido. Daí sua exigência de perfeição, na tentativa de alcançar esse padrão. Nesse sentido, sua preocupação não é com um interior desvalorizado, mas com o que lhe falta para atingir o idealizado. Como essas exigências lhe trazem decepções, sente-se enraivecido, com enorme sensação de impotência, da qual só sai com novas exigências, cada vez mais implacáveis.

Ele não nasce com essas exigências. Elas surgem de supostas exigências dos pais ou substitutos. Se a exigência aparece no outro e ele tenta cumprir esse desejo, acaba entrando pouco em contato com o próprio desejo. Isso, evidentemente, influencia negativamente na formação de sua subjetividade, já que seu ser é, em muito, uma resposta ao outro.

Se não entra em contato com o próprio desejo, com tal intensidade, desconhece-se. Se percebe tais questões, entra em profunda solidão, reconhece a falta de autonomia e os vazios de subjetividade. Então, se deprime.

Essas situações refletem no processo psicoterápico, e tendem a fazer com que a terapia e o terapeuta o ajudem a tornar-se perfeito. Pode transferir para o terapeuta exigências sobre si mesmo. Daí a importância de o profissional evitar trabalhar com os próprios desejos na relação, e ser cuidadoso também com a avaliação das sessões, já que ele chega a exigir sessões perfeitas e pode deprimir-se quando estas não têm grandes produções.

Quando pensamos num psicótico, costumamos pensar no delírio, o que julgo ser extremamente reducionista. Do mesmo modo, quando pensamos no obsessivo, pensamos nos rituais. Não é neles que a questão central se coloca. Não é sobre eles que devemos apontar nossos esforços no ato dramático. Claro que podemos utilizá-los como instrumento de acesso a seu mundo interno. Claro, também, que se eles estiverem excessivamente estruturados, a dramatização poderá ser dirigida, tentando um reequilíbrio.

Mas não são os rituais, a meu ver, nosso problema básico. As três questões primordiais são o intenso conflito, as exigências exageradas e os impulsos hostis.

As dramatizações devem ser feitas com aquecimento específico e na fase certa da terapia, ou seja, quando a mobilização for maior e as defesas estiverem menos poderosas. O aquecimento pode ser feito em sessões anteriores, através de pequenos jogos ou mesmo verbalmente. Ao contrário dos fóbicos e dos histéricos, acho fundamental esse aquecimento com obsessivos. Vamos acostumando-o com impulsos e emoções, incluindo aqui as vivências de acompanhar sessões cujos protagonistas sejam os colegas de grupo. É útil, inclusive, que ele entre em cena como ego-auxiliar.

Uma vez aquecido para o processo, a sessão poderá ocorrer. Não é preciso caçá-lo ou induzi-lo. Se houver a determinação, talvez fruto de angústias, ele se oferecerá espontaneamente.

Acho bom que se evite muito detalhamento e controle da sessão. Não é necessário que se monte a cena tão estruturadamente. Deve-se evitar, também, muitas explicações racionais e todos os "acho quês" com que costumam brindar as cenas. Pode-se fazê-lo tomar papel de objetos, resgatando o conteúdo simbólico, em geral carregado da angústia que esses objetos contêm.

O conflito interno pode e deve ser trabalhado com o reconhecimento das forças em jogo e das figuras internalizadas que são representadas por essas forças. Pode-se carregar na intensidade das emoções. É importante que reconheça, mesmo em cena, suas emoções e seu desejos, e esse reconhecimento, bem como suas vivências, pode aumentar a sensação de identidade. A vivência das emoções e desejos serve também para fazer contraponto a toda uma maneira de existir baseada em conceitos. Substituímos o "acho" pelo "sinto". É bastante útil, também, que se represente o jogo de forças fisicamente, com auxiliares do grupo. A imagem física do jogo de forças carregada de uma intensidade emocional é importante para que o obsessivo veja exteriorizado seu mundo interno. É importante, também, que ele possa vivenciar o papel de cada uma das forças. O espelho poderá aumentar essa visualização.

As exigências exageradas também podem ser trabalhadas dramaticamente. Não é difícil montar cenas em que "converse"com seu próprio superego. É importante que ele possa perceber, na cena, a pressão de suas próprias exigências. Que possa viver de um outro jeito, diminuindo as perspectivas de perfeição O compartilhamento com os colegas de grupo, mesmo que dentro da cena, pode mostrar-se útil. Evidentemente, cenas ou jogos grupais onde procure se manter menos rígido ocorrerão posteriormente. Ao contrário dos histéricos e dos fóbicos, os obsessivos, não costumam testar o terapeuta, procurando apenas redimensionar seu processo de vida. De um jeito simples, podemos dizer que ele está procurando viver com um novo superego, menos exigente.

A questão do contato com seus impulsos hostis é, a meu ver, bem mais complexa. Acho que uma dramatização nesse nível tem de ser realizada com grande cuidado. Uma coisa é "redimensionar" seu superego. Outra é estimular impulsos hostis. A relativização dos aspectos morais de tais impulsos pode ser realizada verbalmente, com menos riscos. É evidente que isso dependerá muito da segurança que o terapeuta tenha na relação. Mas nenhum terapeuta gostará de saber que uma pessoa repetiu no mundo externo impulsos hostis vividos dramaticamente em sessões por ele dirigidas.

Isso não impede que se trabalhe a dualidade dos movimentos, como o balançar de um corpo. Essa dualidade pode representar, na verdade, toda a divisão interna entre tendências opostas. Entretanto, no instante em que a decodificação desse balançar permitir que se percebam forças intensas de um id hostil, deve-se dimensionar os riscos. A cena pode, por exemplo, fixar-se numa imagem e seguir-se com o entendimento intelectual da decodificação.

Nesse tipo de dinâmica, os trabalhos verticais, ou seja, a seqüência de cenas em direção ao passado é bastante eficiente. Além de ser muito rico, permite uma certa reconstrução biográfica que dá ao obsessivo a possibilidade de questionar seus mitos e redimensionar sua subjetividade.

Onirodramas e psicodramas internos também costumam ser bastante úteis. Trabalhar sobre sua temporalidade, deslocando-o para o futuro, também. Nesse sentido, podemos colocá-lo para vivenciar "anos" na frente. Ele tenderá a projetar as angústias do presente no futuro, quebrando um pouco o pensamento mágico de um futuro resolvido. É evidente que tal tipo de sessão, que pode lhe provocar certa depressão, terá de ser bastante elaborada.

A relativização do "mau" e do "bom" internos, fruto das dramatizações e posteriores elaborações, poderá aumentar sua integração interna e diminuir suas divisões, e, conseqüentemente, suas dúvidas. Para que isso aconteça é possível que se deprima um pouco. Portanto é bom que seja constantemente acompanhado nessa fase.

D) DINÂMICA DO DEFECADOR

Este livro é dirigido principalmente aos psicodramatistas. Para nós a histeria e a fobia estão ligadas ao modelo do ingeridor, e a dinâmica obsessivo-compulsiva ao modelo do urinador. Nesses casos, entretanto, preferi utilizar as terminologias clássicas, pois possibilitam, a meu ver, um entendimento maior. São dinâmicas bastante conhecidas, constantemente citadas e descritas.

O mesmo não acontece com a dinâmica depressiva e a dinâmica psicopática. A primeira é pouco descrita, não reconhecida por alguns autores e de difícil diagnóstico diferencial com outras formas de depressão. A segunda é ainda menos descrita e o termo personalidade psicopática tem trazido uma certa confusão conceitual.

Discuti-las dentro da dinâmica do modelo de defecador torna-se, se não mais profunda, pelo menos mais explicativo, mais fácil e mais produtiva. Apesar de não utilizar mais essa teoria na minha prática de supervisor, por razões didáticas optei por utilizá-la aqui, podendo entrar com mais facilidade nas especificidades cênicas do depressivo e do tipo psicopático.

O modelo do defecador, como o sabemos, está relacionado com os processos de criação, elaboração, expressão e comunicação dos conteúdos internos. Uma falha na constituição desse modelo levaria a uma confusão entre o pensar e a percepção do ambiente.

Uma forma de evitar a confusão seria utilizar-se de um recurso mental. Esse mecanismo de defesa teria como característica tentar entender e explicar, por um processo de pensamento, os acontecimentos do ambiente externo através de sua percepção. Tenta encontrar justificativas dentro de si para o que acontece fora de si. Esse mecanismo é comparável aos processos de elaboração mental dos depressivos na psicopatologia clínica.

Outro recurso utilizado é oferecido pela área ambiente. Como a percepção do ambiente é contaminada pelo pensar, uma forma de evitar a confusão é agir sobre o ambiente externo. Esta ação nada mais é do que agir em função do próprio pensar, o qual é percebido no ambiente. A esse tipo de ação chamamos atuação, que difere do ato... É comparável na psicopatologia clássica às atuações do tipo psicopático.[1]

Sabemos, via Freud, de Luto e a melancolia, na qual a depressão era relacionada com a introjeção da raiva. Ou a colocação para dentro, do que acontece fora.

Conhecemos também a frase, já popular, que diz que o psicopata melhora quando deprime.

Uma das características básicas do indivíduo com personalidade psicopática, manifestada em terapia, é a quebra de vínculos. Ataca seu vínculo com o terapeuta, os vínculos dos colegas quando em grupo e, principalmente, como resquício edípico, o vínculo do terapeuta e do ego-auxiliar, ainda mais se for uma dupla de sexos diferentes. Esses ataques, entretanto, ocorrem na dimensão de uma segunda característica, ou seja, na dimensão do oculto. Não só se esconde, como age de tal maneira que não se reconhece sua ação.

É impressionante a capacidade que essas pessoas têm para ocultar-se. Muitas vezes, quando vamos resumir sua fala, percebemos que não tinham

---

1. SILVA DIAS, V. R. C. e TIBA, I. *Núcleo do eu*. São Paulo, Edição dos Autores, 1977, p. 23.

dito o que aparentemente ouvimos. É que, pelo entrecortamento de frases, conseguem dar a impressão de ter falado o que depois recusam com facilidade. Outro mecanismo bastante interessante é quando trazem aparente divisão de tendências, influindo para que o terapeuta e o grupo optem por uma dessas tendências, evidentemente, induzindo aquela que desejam. Assim, tendem a se eximir da responsabilidade da opção, a qual foi, com extrema habilidade, transferida ao grupo e ao terapeuta. Mas não cessam aí suas tendências pelo oculto. Induzem com facilidade outras pessoas do grupo, principalmente as fóbicas, a agirem. Assim um fóbico pode fazer uma declaração apaixonada a um ego-auxiliar, com suposta proposta de erotização. Uma análise mais fundamentada da situação pode apontar para sutil indução por parte do defecador. Esse tipo de situação acontece principalmente quando se está trabalhando triangulações, mormente triangulações edípicas. O indutor não percebe que o terapeuta não tem posse sobre seu ego-auxiliar. Não consegue propor uma relação a dois, só funciona através do triângulo. Na verdade, tem grande temor ao enfrentamento ao terapeuta, que se encontra idealizado e tem de ser vencido. O que teme, na verdade, é uma condenação que o destrua. Teme também destruir o terapeuta. Por esses temores acaba utilizando outra pessoa como intermediária. Se o terapeuta não se aperceber disso, poderá procurar trabalhar as questões na pessoa errada, evidentemente, correndo grandes riscos no processo de ambos: indutor e induzido. Esse instigante indivíduo poderá ainda forjar uma triangulação edípica, namorando e erotizando de maneira oculta uma das pessoas do grupo, de sexo oposto. Tenderá a criar tal situação que a impedirá de trazer o material ao terapeuta. Este, embora em geral percebendo, fica de mãos atadas e só poderá agir se a situação lhe for trazida pela outra pessoa.

As pessoas que possuem tal dinâmica, de forma muita intensa, não costumam realizar o processo terapêutico, pelo menos não por muito tempo. Se a dinâmica não for tão intensa, poderá realizar o processo, inclusive em grupo.

Por todas as situações que descrevemos, inclusive seus temores, não será um processo fácil. Acho fundamental que o terapeuta não moralize. Sempre ouvimos que "com PP tem que se colocar limites". Por mais que essa frase possa conter verdades, em nome dessas verdades podemos estar moralizando e condenando, o que, sem dúvida, o impedirá de continuar o processo. Ou pior, entrará em persecutoriedade e as conseqüências podem ser desagradáveis. O argumento para "o limite" é que o PP não tem superego. Ao contrário, tem um superego mortífero, contra o qual luta constantemente.

Esse aspecto da condenação está bastante presente em suas dramatizações. Em certos casos chega a propor mesmo um tribunal. Se isso acontecer é necessário que entre em todos os papéis possíveis, incluindo o de réu, testemunha e juiz. O espelho para que perceba seu próprio funcionamento é muito importante. O cuidado para que não deixemos o grupo julgá-lo, mais ainda.

Para que possa perceber o sentido oculto de sua ação, é útil que, em cenas importantes, dramatizemos em câmera lenta. Isso lhe permite o reconhecimento do impulso que gere o seu ato. Podemos repetir a ação em câmera lenta quantas vezes quisermos, inclusive com o uso da técnica de espelho. Tenho dado muita ênfase ao processamento e a elaboração da sessão, e comumente volto ao tema no início da sessão seguinte.

A elaboração de todos esses processos, incluindo os relacionais, é de fundamental importância. Nesse aspecto considero ainda mais importante a elaboração dos ataques e fugas da relação terapêutica. Isso pode e deve ser feito na frente do grupo, originando sessões riquíssimas e de difícil manejo.

Nessas fases, o PP interfere muito na dinâmica grupal e, às vezes, tenderá a ser contido pelo obsessivo. Teatros espontâneos onde apareçam confrontos de impulsos com estruturas rígidas, como hospital de psiquiatria e delegacia, poderão ser úteis.

Outro recurso que deverá ser muito utilizado é a facilitação da introspecção, já que em conjunto com a elaboração, podem diminuir a possibilidade de atuação. Esse recurso deve e pode ser utilizado por meio de jogos cênicos. Pode-se situar as pessoas do grupo, incluindo aí nosso protagonista dinâmico, à frente de um espelho. Nessa situação se pode propor temas introspectivos tais como "o que tenho feito de minha vida?", "onde falha a minha comunicação?", "por que temo me apaixonar...", "se eu fosse o meu terapeuta...", "o que destruí e o que construí?" etc.

Eventualmente, o resultado dessas introspecções pode ser dramatizado.

Outra técnica introspectiva grupal é a da tribuna livre, na qual o grupo se reveza três ou quatro vezes numa cadeira, um de cada vez, para falar sobre o que quiser, sob silêncio dos colegas.

O voltar-se para o passado também costuma produzir introspecções, o que pode produzir cenas carregadas de emoções e angústias.

À medida que se elabora com a maior profundidade possível essas introspecções, a tendência é o PP ir se deprimindo um pouco, e o grupo junto. As atuações tendem a diminuir e ele poderá refletir mais facilmente sobre sua ação.

É evidente que o terapeuta terá de saber dosar com habilidade todos esses aspectos, evitando a atuação, mas evitando também aprofundar em demasia a depressão.

A elaboração constante e o trabalho relacional devem comandar a ação do terapeuta perante esse tipo de dinâmica, principalmente nas fases mais agudas.

Incapaz de livrar-se de seus pensamentos carregados de culpas, ruínas, temores e erros, o depressivo não consegue fixar-se no presente e seu futuro é nebuloso e sem projeto. Vive no império do passado. E esse passado é angustiante, cheio de arrependimentos e sem prazer. Torna-se necessário que entre em contato com esses sentimentos e possa perceber onde se originam, para, eventualmente, expressar os temores e as emoções, dentro da própria cena, com a devida proteção do terapeuta. Cenas simples e bastante verbais, nas quais se tente resgatar situações passadas de prazer podem ser úteis porque geram um certo alívio e um certo recontato com o presente. Se a depressão for muito forte, torna-se mais difícil conseguir isso.

O trabalho relacional encontra-se centralizado em sua sensação de peso e as conseqüentes culpas. As dramatizações trazem temas cristalizados, com muito material de morte, culpa e ódio. É necessária, sobretudo, a "devolução" desse material ao ambiente, pelo reconhecimento dos aspectos relacionais nos quais esses sentimentos se instauram. O ataque ao interno pode ser reconduzido, via cena, ao externo. Evidentemente, acompanhado de intensa elaboração das questões, a proteger igualmente suas relações.

No momento em que essas introspecções e elaborações começarem a se repetir e a rodar em falso, o próprio grupo tenderá a sair desse grau de dinâmica, rumo a uma dinâmica de organização e de promessas de futuro, ou seja, a uma dinâmica obsessiva.

A depressão, se necessário, pode ser medicada.

E) "DINÂMICA" PSICÓTICA

Se coloco aqui a palavra dinâmica entre aspas é porque para muitos autores a psicose não pode ser reduzida a aspectos dinâmicos. Não tem sido essa a minha posição nesses vinte anos de trabalhos psicoterápicos com psicóticos. Mas não acho útil, dentro da proposta do texto, entrar nessa polêmica aqui.

Em patologia clínica, estamos nos referindo, entre outros, aos quadros esquizofrênicos e esquizofreniformes; às psicoses puerperais, ao delírio de auto-referência, e às chamadas psicoses psicogênicas.

Embora considere que o ideal é tomar, em nível de diagnóstico, a psicose em grau dinâmico, como por exemplo, a percepção pelo terapeuta da manutenção de intensa situação simbiótica, prefiro aqui manter o critério clínico da produção psicótica. Ou seja, só estamos chamando de psicóticos as pessoas que tiveram surto produtivo. Essa postura não se embasa em nenhuma teoria, mas, ao contrário, numa certa posição de defesa visando validar a psicoterapia de psicóticos dentro da prática psiquiátrica clínica. A outra posição, mais dinâmica, mais coerente e mais louvável, esbarraria no argumento "então não é psicótico."

Em minha tese de doutoramento, posteriormente transformada em livro, pude reunir cerca de 12 invariantes comuns a inúmeros psicodinamicistas, a respeito do conceito de psicose. Tais invariantes comuns poderiam ser consideradas como teorias metodológicas básicas, numa abordagem, o mais próximo possível de uma teoria científica.

Vou citá-las aqui, correndo o risco de me tornar repetitivo. É que as considero importantes para passar o meu entendimento sobre loucura. Para simplificar, as citações não vão acompanhadas de explicações.

1. Alterações no contato com a realidade.
2. Uma visão dinâmica do delírio.
3. Alterações nas relações com as pessoas.
4. Reconhecimento de uma influência do meio, principalmente dos pais, na estruturação do psiquismo patológico.
5. Presença de padrões patológicos de interação familiar, correlacionáveis com o comportamento do psicótico.
6. Ocorrência de fortes aspectos simbióticos.
7. Ocorrência de exteriorização de conteúdos psíquicos.
8. Ocorrência de consideráveis cisões no ego.
9. Dificuldades na formação da subjetividade.
10. Alterações da temporalidade e do projeto de ser.
11. Ocorrências de fenômenos transferenciais.
12. Reconhecimento de que o processo psicoterápico com psicóticos tem características especiais.

Não se trata de voltar, aqui, aos aspectos da psicoterapia de psicóticos. Muito menos, de apenas levantar alguns aspectos sobre dramatizações com tais pessoas.

Consegue o psicótico dramatizar?

Claro que sim, embora, obviamente, não com a mesma facilidade de um não-psicótico. Fonseca diz que quanto mais a personalidade é atingida pela doença, maior a dificuldade para tomar e inverter papéis tanto na psicoterapia quanto na vida. Mazieres diz que em razão do medo de ser invadido e destruído, o psicótico se defende, expandindo o seu "si mesmo", encobrindo seus papéis e dificultando-lhe jogá-los e fazer vínculos.

Foucault, na *História da loucura*, descreve a técnica de realização teatral, utilizada com psicóticos há mais de dois séculos, e que constitui verdadeira dramatização.

Em nosso meio, são inúmeros os trabalhos que relatam dramatizações com psicóticos. Entre esses, alguns gravados em vídeos, dos quais destaco os trabalhos de Altenfelder Silva Filho.

E quando é o melhor momento da dramatização com psicóticos?

Moreno considera o momento após a crise como ideal para psicodramatizar com o psicótico, mas reconhece a possibilidade de fazê-lo mesmo em vigência do surto, desde que com profissionais experimentados e sob certas condições especiais.

Já tive oportunidade de dramatizar com psicóticos em surto, logo após o surto e em fases de intersurtos. Como trabalho com tais pessoas em consultório e no Hospital das Clínicas da FMUSP, tenho podido realizar cotidianamente tal tipo de dramatização. Sempre considerei mais fácil a dramatização intersurtos, quando o psicótico se encontra num contato com a realidade consensual bem maior.

Falarei inicialmente sobre a dramatização em surto.

A idéia básica de Moreno é a de que a reconstrução do panorama da psicose integraria e daria ao psicótico o controle dos papéis. *A reprodução pode, algumas vezes, ser tão desconexa quanto a experiência psicótica original. O choque psicodramático é um método que atinge o doente, de tal maneira, que ele pode recriar, sob nossos olhos, o universo psicótico perdido.*[2] *Quando tais experiências são realizadas num momento em que as alucinações estão ativas, introduzem-se resistências no espírito do paciente, barreiras que se tornam preventivas de recaídas ulteriores.*[3] Moreno acredita também que, na dramatização, possam se estabelecer certos pontos de coordenação do delírio com a realidade correspondente, o que poderia dar maior controle sobre o processo delirante. Assim, a dramatização visaria dar maior objetivação de suas experiências psicóticas, servindo como uma espécie de ancoradouro.

Nas poucas vezes em que dramatizei com o paciente em surto, as cenas foram mais curtas, carregadas de intensas emoções e o paciente tinha um forte vínculo terapêutico. Acredito que os pontos de coordenação não necessitam que o paciente esteja em surto, ou seja, podem acontecer quando dramatizamos com o psicótico numa fase de ancoragem.

Na fase logo após o surto o paciente costuma estar muito ansioso e agitado, com medo de voltar àquela condição. Em geral, participa muito pouco e o plano verbal é preferido.

Tenho optado por dramatizar com o psicótico em fases de intersurtos. Em consultório particular o processo se inicia em individual e assim continua por anos. Nessa fase as dramatizações costumam ser as mais concretas possíveis, utilizando-se muitos duplos, tomadas de papéis e espelhos. São dramatizados muito mais diálogos com os familiares, quase sempre carregados de emoções fortes. Busca-se aqui um reconhecimento das condições relacionais que antecederam a crise.

---

2. MORENO, J. L. *Psicoterapia de grupo e psicodrama*. São Paulo, Mestre Jou, 1974, p. 315.
3. Idem, ibidem, *op. cit.*, p. 335.

Pode-se, também, dramatizar questões emocionais que existiam na fase pré-surto, buscando-se um certo entendimento dinâmico dessas questões. E, ainda, dramatizar um entendimento da crise. O que tenho feito de mais comum, nesse nível, é trabalhar com imagens concretas (estátuas) que representem o pré-crise, a crise, e o pós-crise. Usando-se a técnica do espelho, pode-se com facilidade buscar o reconhecimento das questões que teriam auxiliado o início do surto.

Tais pessoas constumam ir para a psicoterapia grupal alguns anos após a individual, com um entendimento maior sobre sua crise e um vínculo bastante forte. Muitas vezes, antes de colocá-los em grupo, realizo algumas sessões com egos-auxiliares, procurando inclusive dramatizar. Se o risco de transferência for menor, podemos utilizar os egos-auxiliares; caso contrário, continuamos utilizando almofadas, mesmo na presença dos egos. O grupo tende a aceitar com facilidade a entrada deles, mesmo porque, em geral, tais grupos possuem terapeutas em formação. Obviamente, escolhe-se grupos pequenos e nucleados, o psicótico não entra sozinho, e sua entrada recebe um trabalho especial, com a colocação, por parte do paciente, de suas características. Em relação a isso procuramos, dentro do possível, quebrar os mitos que existem. A tendência mostra que eles costumam se manter em terapia grupal por muitos anos, mesmo que algumas vezes tenham surtos durante o processo. Quando isso ocorre, costumo marcar individuais, e o psicótico tende a faltar no grupo. Ocorre também a utilização de farmacoterapia.

No hospital, por razões de demanda, os psicóticos entram direto em grupo, o que determina mudanças consideráveis no processo, já descritas em texto anterior. Depois de algumas avaliações, optei por colocá-los em grupos onde predominam os não-psicóticos.

Nos dois casos de terapia de grupo, opto para que as primeiras dramatizações das quais participam sejam simples, em geral jogos ligados à organização grupal ou mesmo folguedos e brincadeiras. O passo seguinte será usá-lo como ego-auxiliar em dramatizações com outros protagonistas.

Aos poucos, suas dramatizações podem ir se tornando mais complexas, de preferência iniciando-se com dramatizações grupais e só posteriormente como protagonista individual. Além das técnicas já comentadas, aqui pode-se utilizar outro arsenal técnico mais amplo. Acho o *role-playing* de uso bastante útil, bem como a realização simbólica e, mais tardiamente, o onirodrama e o psicodrama interno. Este último, principalmente, tem-se mostrado surpreendente.

Em textos anteriores descrevi técnicas que utilizo comumente, ligadas às mudanças geoculturais. Sabemos que tais mudanças costumam estar associadas a aparecimentos de surtos. Outro aspecto importante é o da temporalidade do psicótico. Ele vive numa verdadeira intemporalidade. O tempo particular costuma ser mais importante do que o tempo mundano, podendo ocorrer vivências de detenção do tempo. Em geral tem memória bastante aguçada, o que nada mais é do que sua tentativa de resgate da noção de tempo. A dualidade de projetos pode gerar uma dupla cronologia, mas a emoção encontra-se ligada mais ao projeto delirante do que ao considerado pela família como projeto normal. Trabalhos sobre a duplicidade ou sobre a defasagem de projetos em relação à família têm de ser realizados. Só assim ele poderá ancorar seu projeto delirante a um projeto factível.

Seja qual for o momento, o local e o tipo de terapia, as dramatizações com psicóticos são sempre mais trabalhosas, com cargas emocionais poderosas e, em geral, mais curtas e mais horizontais. Devem ser realizadas com pontuações e marcações bem claras, com muito espelho "para dar tempo" e com o aval e a participação grupal bastante definida. Sempre reservo tempo para um compartilhamento final e, se necessário, para um processamento racional dos fatos e das emoções, visando maior controle e coordenação ao psicótico.

2. Dinâmica grupal, escolha de jogos e protagonista

Nos cursos de formação costumamos aprender uma diversidade de jogos. Também costumamos aprendê-los em supervisões particulares e no próprio processo terapêutico. Com isso, um psicodramatista formado há alguns anos tende a possuir um razoável arsenal de jogos. Não é muito desenvolvido, entretanto, o estudo das condições em que devemos usá-los e, principalmente, em que momento da dinâmica grupal. O uso dos jogos, muitas vezes, fica aleatório, e sua eficácia, evidentemente, torna-se menor.

Não cabe aqui resumir Bion, mas é necessário que se lembre que um grupo pode ser tomado como possuidor de uma mente, de uma dinâmica, que não é apenas o somatório das dinâmicas dos participantes. Nessa mente grupal podemos destacar dois níveis diferentes: um primeiro, consciente, voluntário e racional, caracterizado pela cooperação entre os participantes. Um segundo, emocional, inconsciente, e que conduz, muitas vezes, à dinâmica grupal. A esse nível Bion chamou de suposto básico. São três os supostos básicos, ou seja: de dependência, de ataque e fuga e de acasalamento. Cada um deles possui uma fantasia específica e um tipo de líder; na verdade, um conjunto de questões, de conflitos e de emoções. A passagem de um suposto básico para outro é feita por meio da posição catastrófica, na qual uma parte do grupo tende a se dirigir para um suposto básico, e outra tende a se manter no anterior. O papel do terapeuta é trabalhar as dinâmicas de cada suposto básico e possibilitar a passagem de nível.

Claro que essa não é a única teoria de dinâmica grupal. Podemos pensar em muitas outras. Todas, porém, admitem uma evolução nos aspectos dinâmicos, a passagem de níveis dinâmicos para outros diferentes.

Cada jogo tem que ser pensado dentro do que pode oferecer quanto ao suposto básico em que se insere. Temos de pensar nos tipos de emoções que esse jogo traz à tona, que tipos de conflitos revela, que possibilidades relacionais realiza. A utilização de um jogo não pode e não deve ser casual, mas circunscrita a esses aspectos, mesmo porque é comum cada jogo privilegiar um aspecto único da dinâmica grupal.

É bem verdade que existem jogos que poderiam ser utilizados em momentos diferentes. Ainda aí, tal uso tomaria caracterísiticas bem específicas.

Por exemplo, há um jogo no qual, a partir de objetos pessoais, monta-se a imagem de uma cidade, onde cada objeto simboliza um aspecto dessa cidade. Num suposto básico de dependência, provavelmente, poderíamos trabalhar as relações entre as pessoas que moram nessa cidade, seus medos e desejos, suas imagens, a produção de alimentos etc. Num suposto básico de ataque e fuga, talvez trabalhássemos o cemitério, as relações com os parentes já mortos, a delegacia, o hospital de psiquiatria etc. No acasalamento, os sistemas de controle, o planejamento, os problemas do trânsito etc.

Se a escolha do jogo depende do momento dinâmico grupal, o delineamento do protagonista talvez dependa ainda mais. A idéia do protagonista como o primeiro a sentir a angústia (proto agonista) pode ser bonita e real.

Mas nem sempre.

Algumas vezes, o protagonista da dinâmica grupal nem aparece nem traz à tona a emoção. Se o terapeuta não o perceber, poderá ter a sessão esvaziada. Por exemplo, suponhamos uma dinâmica de ataque e fuga instaurada, com questões depressivas e psicopáticas. Um histerofóbico pode responder a essa situação com uma ansiedade alta, em função de uma atuação oculta de um PP. A dramatização com o primeiro poderia levar a um maior ocultamento do segundo, e a um desvio da verdadeira questão grupal.

Talvez, em grau teórico, devêssemos considerar dois protagonistas, o da dramatização e o da dinâmica, que nem sempre coincidiriam na mesma pessoa.

O que estou tentando dizer, é que tanto a escolha dos jogos quanto o delineamento do protagonista devem obedecer critérios da dinâmica grupal.

Adendo final

Este adendo refere-se às questões levantadas nos capítulos sobre filosofia, mecanismo de ação da cena, cinema, e, ainda, sobre o corpo.

Dissemos, por meio das palavras de Merleau-Ponty, que o psicodrama ocorre na ordem do mito. Que por meio do corpo, permite o fluxo do imaginário ao real. Dissemos, ainda que enquanto ato criador, a cena nos dá a possibilidade de experimentar formas de existência cujos códigos se encontram no mundo.

Todas essas questões nos remetem à problemática da imagem. Sartre escreveu um texto clássico sobre a imaginação, que utilizamos no livro e que consta das referências bibliográficas. Não cabe aqui resumi-lo. A análise que faz a respeito dos conceitos de Husserl, com quem se identifica quanto a essa questão, pode nos fazer pensar um pouco mais sobre o psicodrama.

Sigamos Husserl, via Sartre:

Toda consciência é consciência de alguma coisa. Com isso, tem-se uma distinção entre a consciência e aquilo de que se tem consciência. O objeto da consciência está, portanto, fora da consciência, é transcendente. Pode ter conteúdos de consciência, mas esses não são objetos da consciência. Os elementos visuais ou táteis fazem parte dela como elementos subjetivos imanentes. A consciência não se dirige a eles, mas, sim, através deles, visa o objeto exterior. Logo, esses também não são objetos.

Do mesmo modo, a imagem é também imagem de alguma coisa. Há uma relação de intencionalidade da consciência com relação a um objeto. Em outras palavras, a imagem não se acha na consciência como elemento constituinte, mas na consciência de uma coisa em imagem. A imagem deixa de ser um conteúdo psíquico. Isto é verdade mesmo para a imagem de algo não existente, como um centauro tocando flauta.

A imagem, tornando-se uma estrutura intencional, passa do estado de conteúdo inerte de consciência ao de consciência una e sintética em relação com um objeto transcendente.[1]

Assim, a imagem que tenho de uma pessoa não é uma vaga fosforescência da percepção dessa pessoa, mas uma forma de consciência que se relaciona a essa pessoa. No ato de imaginação, nossa consciência se relaciona direto a essa pessoa e não a um simulacro que estaria nela. Portanto, essa pessoa é uma só e a mesma, objeto das percepções e das imagens.

Colocando a imagem fora do conteúdo psíquico, como uma maneira que tem a consciência de visar seu objeto, Husserl reaproxima as imagens materiais, como quadros e fotos, das imagens ditas psíquicas, opondo-se ao psicologismo vigente que separa radicalmente umas das outras.

Neste, a interpretação de um quadro ou uma foto (de uma cena?) só pode ser feita reportando-se a imagem mental que o objeto evocava por associação. Em Husserl podemos perceber duas apreensões, a do quadro como imagem, e uma apreensão intencional de conteúdo psíquico. Portanto, uma apreensão da gravura e uma da consciência perceptiva, na qual somos dirigidos para as linhas desse quadro que aparecem como figuras. Há aqui uma estrutura intencional. Podemos perceber a gravura como objeto-coisa ou como objeto-imagem. São duas interpretações diferentes de uma mesma matéria impressional.

A partir daí percebe-se que há uma diferença intrínseca entre imagem e percepção, e essa distinção é feita pelas intenções. É na intenção e não na matéria que elas se distinguem, segundo Husserl.

Mas, Sartre pergunta: Por que uma consciência intenciona uma matéria em imagem em vez de fazê-lo em percepção? Caímos no terreno das motivações. Existem as sínteses passivas que se fazem por associação, e as sínteses ativas, como a imagem, produtos de nossa livre espontaneidade. A diferença entre imagem (ficção) e a percepção procede da estrutura profunda das sínteses intencionais. Apesar disso, Sartre não aceita que a diferença entre imagem e percepção se situe apenas na intencionalidade. Ele acredita que também exista uma dessemelhança de matérias.

Ainda segundo Husserl, quando vejo um objeto, posso reproduzir a lembrança desse objeto ou reproduzir a percepção desse objeto. Assim, precisamos distinguir a retenção, que conserva o passado como passado para a consciência, da rememoração, que consiste em fazer reaparecer as coisas do passado com suas qualidades, numa síntese passiva (presentificação do objeto). Pode-se, portanto, falar de imagem-lembrança passiva, e de imagem-ficção ativa, produto da espontaneidade.

Salientado o ponto central do texto, não há imagem na consciência mas, sendo um ato e não uma coisa, a imagem é um certo tipo de consciência, consciência de alguma coisa.

---

1. SARTRE, J. P. *A imaginação*, São Paulo, Difusão Européia do Livro, 1964, p. 112.

Sabemos que o psicodrama interno é constituído de imagens. Mas muitas dramatizações podem ser realizadas a partir de imagens de pessoas ou fatos. Tratam-se de rememorações, imagens-lembranças, que fazem reaparecer, via presentificação, as coisas do passado? Aqui não há espontaneidade. Ou trata-se de uma imagem-ficção, síntese ativa, tal qual o passado se conserva como passado para a consciência, carregado de espontaneidade, de intencionalidade, de motivações?

Se optamos por esse segundo parecer, a cena é um produto de nossa livre espontaneidade. A imagem que a pessoa traz em cena, na dramatização, é a relação que estabelece diretamente com essa cena. O que está em jogo não é a cena em si, mas a relação da pessoa com essa cena, dentro de sua intencionalidade, de sua motivação. Não é mera lembrança. Portanto, também a emoção que está em jogo é uma resposta a essa intencionalidade?

Como fica o inconsciente nesse quadro de referência? Desaparece?

A que se deve o caráter resolutivo de uma cena? À resolução de um conflito, de um jogo de forças? Mas esse conflito já não estava presente em nossa motivação?

Em outras palavras, dando continuidade ao raciocínio, a resolução não passa pela resolução de um conflito inconsciente, mas pelo redimensionamento das motivações que ligam o indivíduo à cena.

De qualquer modo, são inúmeras as questões que podemos colocar a partir do pensamento sartreano. Espero que, da confusa apresentação que fiz desse texto, sobrem algumas questões a serem pensadas e, quem sabe, respondidas por psicodramatistas mais consistentes.

Que as questões por mim levantadas sirvam como aquecimento.

Referências bibliográficas

AGUIAR, M. *O teatro terapêutico: escritos psicodramáticos*. Campinas, Papirus, 1990
———. *Teatro da anarquia: um resgate do psicodrama*. Campinas, Papirus, 1988.
ALTENFELDER SILVA FILHO, L.M.; LIMA, M.C. & KATO, E.S. "Grupo de psicodrama em hospital psiquiátrico: descrição de uma experiência". *Revista Febrap*, 2, pp. 37-41, 1982.
BERGSON, H. *Matiére et mémoire*. Paris, Librairie Félix Alcan, 1907.
BERMAN, M. *Tudo que é sólido se desmancha no ar*. São Paulo, Companhia das Letras, 1986.
BINSWANGER, L. *Três formas de existência malograda*. Rio de Janeiro, Zahar, 1977.
BION, W.L. *Transformations*. Londres, W. Heinemann, 1965.
———. *Experiências com grupos*. Rio de Janeiro, Imago. 1970.
BLEGER, J. *Simbiose e ambigüidade*. Rio de Janeiro, Francisco Alves, 1977.
BOWLBY, J. *Formação e rompimento dos laços afetivos*. São Paulo, Martins Fontes, 1979.
———. *Cuidados maternos e saúde mental*. São Paulo, Martins Fontes, 1981.
CASTELLO DE ALMEIDA, W. *Psicoterapia aberta: formas do encontro*. São Paulo, Ágora, 1988.
CHION, M. *O roteiro de cinema*. São Paulo, Martins Fontes, 1989.
CUNHA, M.W. *Genealogia do real*. São Paulo, 1992. (Tese de doutorado FFCLESP.)
FIORINI, H.J. *Estruturas e abordagens em psicoterapias*. Rio de Janeiro, Francisco Alves, 1986.
FONSECA FILHO, J.S. *Psicodrama da loucura*. São Paulo, Ágora, 1986.
FREUD, S. "Observaciones psicoanalíticas sobre un caso de paranoia". *In:* FREUD, S. *Obras completas*. Madri, Biblioteca Nueva, 1981, v. 2, pp. 1487-1528.
Personajes psicopáticos en el teatro. *In:* FREUD, S. *Obras Completas*. Madri, Biblioteca Nueva, 1981, v. 2, pp. 1272-1276.
FROMM-REICHMANN, F. Problems of therapeutic management in a psychoanalytic hospital. *Psychoanal. Q.*, 16:325-326, 1947.
HEIDEGGER, M. "Ser e tempo". *In: Os pensadores*: Heidegger. São Paulo, Abril Cultural, 1979. pp. 273-294.
HERMANN, F. *Andaimes do real: o método da psicanálise*. São Paulo, Brasiliense, 1991.
KANT, I. "Crítica da razão pura". *In: Os pensadores:* Kant. São Paulo, Abril Cultural, 1979. pp. 7-98.
KLEIN, M. "Contribuição à psicogênese dos estados maníacos depressivos". *In:* KLEIN, M. *Melanie Klein: psicologia*. São Paulo, Ática, 1982, pp. 42-67.
KOHUT, H. *Self e narcisismo*. Rio de Janeiro, Zahar, 1984.
LACAN, J. *As psicoses: seminário*, livro 3. Rio de Janeiro, Zahar, 1985.

LAING, R.D. *O eu e os outros*. Petrópolis, Vozes, 1972.
————. *O eu dividido*. Petrópolis, Vozes, 1975.
MASSARO, G. *Loucura: uma proposta de ação*. São Paulo, Ágora, 1994.
————. "Técnicas psicodramáticas e temporalidade".*Revista Febrap*, 4, pp. 15-19, 1984.
————. "Relações históricas entre psiquismo e pensamentos filosóficos".*Rev. Psiq. Clin.* HCFMUSP. São Paulo, v. IX, nº. 3, 1980, pp. 23-37.
————. "Subjetividade e psicodrama". *In:* PETRILLI, S. R. A. (org.) *Rosa-dos-ventos da teoria do psicodrama*. São Paulo, Ágora, 1994, pp. 159-176.
————. "O psicodrama como teatro terapêutico: a cena do (no) psicodrama". Texto apresentado no VI Congresso Brasileiro de Psicodrama.
————. "Redimensionando a matriz de identidade". Texto apresentado no VIII Congresso Brasileiro de Psicodrama.
MERLEAU-PONTY, M. *Fenomenologia da percepção*. Rio de Janeiro, Freitas Bastos, 1971.
————. *A estrutura do comportamento*. Belo Horizonte, Interlivros, 1977.
MEZAN, R. *Freud: A trama dos conceitos*. São Paulo, Perspectiva, 1992.
MINKOWSKY, E. *El tiempo vivido*. México, Fondo de Cultura Ecónomica, 1973.
MORENO, J.L. *Psicodrama*. São Paulo, Cultrix, l975.
————. *Psicoterapia de grupo e psicodrama*. São Paulo, Mestre Jou, 1974.
————. *Las bases de la psicoterapia*. Buenos Aires, Hormé, 1977, 3ª Conferência.
————. *O teatro da espontaneidade*. São Paulo, Summus, 1984.
NAFFAH NETO, A. *Psicodrama: descolonizando o imaginário*. São Paulo, Brasiliense, 1979.
Psicodramatizar: ensaios. São Paulo, Ágora, 1980.
PAVLOVSKY, E. & KESSELMAN, H. *Las escenas temidas del coordinador de grupos*. Fundamentos, Madrid, 1977.
————. *Espacios y criatividad*. Buenos Aires, Ayllu, 1990.
PAMPLONA DA COSTA, R. "Videopsicodrama". *In:* MONTEIRO R. *(org.) Técnicas fundamentais do Psicodrama*. São Paulo, Brasiliense, 1993, p. 166.
PÊCHEUX, M. *O discurso: estrutura ou acontecimento*. Campinas, Pontes, 1990.
PERAZZO, S. *Ainda e sempre psicodrama*. São Paulo, Ágora, 1994.
PEREIRA, P.A. *Imagens do movimento*. Petrópolis, Vozes, 1981.
RAMADAN, Z.B.A. "Doença e existência: contribuição ao estudo fenomenológico da histeria". São Paulo, 1972. (Tese de doutorado FMUSP.)
REIS, J.R.T. *Cenas familiares, psicodrama e ideologia*. São Paulo, Ágora, 1992.
ROLNIK, S. "Cidadania e alteridade". Texto da Autora, São Paulo.
SARTRE, J.P. *A imaginação*. São Paulo, Difusão Européia do Livro, 1964.
————. *O existencialismo é um humanismo. In: Os pensadores:* Sartre. São Paulo, Abril Cultural, 1978, pp. 1-32.
SILVA DIAS. V.R.C. & TIBA, I. "Núcleo do eu". Publicação dos Autores, São Paulo, 1977.
STANILAVSKI, C. *A preparação do autor*. São Paulo, Civilização Brasileira, 1976.
TAVOLINI, M.C.C. "Pequenas estórias: subjetividades loucas e poéticas". São Paulo, 1991. (Tese de doutorado FFCLESP.)
VEYNE, P. *O inventário das diferenças*. Lisboa, Gradiva, 1989.
XAVIER, I. *O discurso cinematográfico*. Rio de Janeiro, Paz e Terra, 1984.
WINNICOTT, D.W. *O brincar e a realidade*. Rio de Janeiro, Imago, 1978.
WOLF, J.R.A.S. *Sonho e loucura*. São Paulo, Ática, 1985.

Geraldo Massaro é psiquiatra pela Universidade de São Paulo, na qual também defendeu tese de Doutoramento e realizou graduação parcial em Filosofia.

Psicodramatista pelo Instituto Sedes Sapientiae, é professor-supervisor de várias entidades de formação em Psicodrama, entre elas a Sociedade Paulistana de Psicodrama (SOVAP) da qual é sócio-fundador.

Tem se dedicado a estudar psicoterapia para psicóticos, atendendo e supervisionando principalmente no Hospital das Clínicas da FMUSP. De tais estudos resultou o livro *Loucura: uma proposta de ação*, também da Editora Ágora.

Impresso pelo Depto Gráfico do
CENTRO DE ESTUDOS VIDA E CONSCIÊNCIA EDITORA LTDA
R. Santo Irineu, 170 / F.: 549-8344

------------ dobre aqui ------------

ISR 40-2146/83
UP AC CENTRAL
DR/São Paulo

CARTA RESPOSTA
NÃO É NECESSÁRIO SELAR

O selo será pago por

SUMMUS EDITORIAL

05999-999 São Paulo-SP

------------ dobre aqui ------------

ESBOÇO PARA UMA TEORIA DA CENA

ÁGORA
CADASTRO PARA MALA DIRETA

Recorte ou reproduza esta ficha de cadastro, envie completamente preenchida por correio ou fax, e receba informações atualizadas sobre nossos livros.

Nome: _____
Endereço: ☐ Res. ☐ Coml. _____
CEP: _____ - _____ Cidade: _____ Estado: _____ Tel.: ( ) _____
Profissão: _____ Professor? ☐ Sim ☐ Não Disciplina: _____

1. Você compra livros:
☐ em livrarias ☐ em feiras
☐ por telefone ☐ por reembolso postal
☐ outros - especificar: _____

2. Em qual livraria você comprou esse livro? _____

3. Você busca informações para adquirir livros:
☐ em jornais ☐ em revistas
☐ com professores ☐ com amigos
☐ outros - especificar: _____

4. Sugestões para novos títulos: _____

5. O que você achou desse livro? _____

6. Áreas de interesse:
☐ psicologia ☐ saúde/corpo
☐ psicodrama ☐ astrologia contemporânea
☐ crescimento pessoal/alma ☐ ensaios
☐ depoimentos pessoais

7. Gostaria de receber o Ágora Notícias? ☐ Sim ☐ Não
8. Gostaria de receber o catálogo da editora? ☐ Sim ☐ Não

Indique um amigo que gostaria de receber nossa mala direta

Nome: _____
Endereço: ☐ Res. ☐ Coml. _____
CEP: _____ - _____ Cidade: _____ Estado: _____ Tel.: ( ) _____
Profissão: _____ Professor? ☐ Sim ☐ Não Disciplina: _____

Distribuição: Summus Editorial
Rua Cardoso de Almeida, 1287 05013-001 São Paulo SP Brasil Tel (011) 872 3322 Fax (011) 872 7476